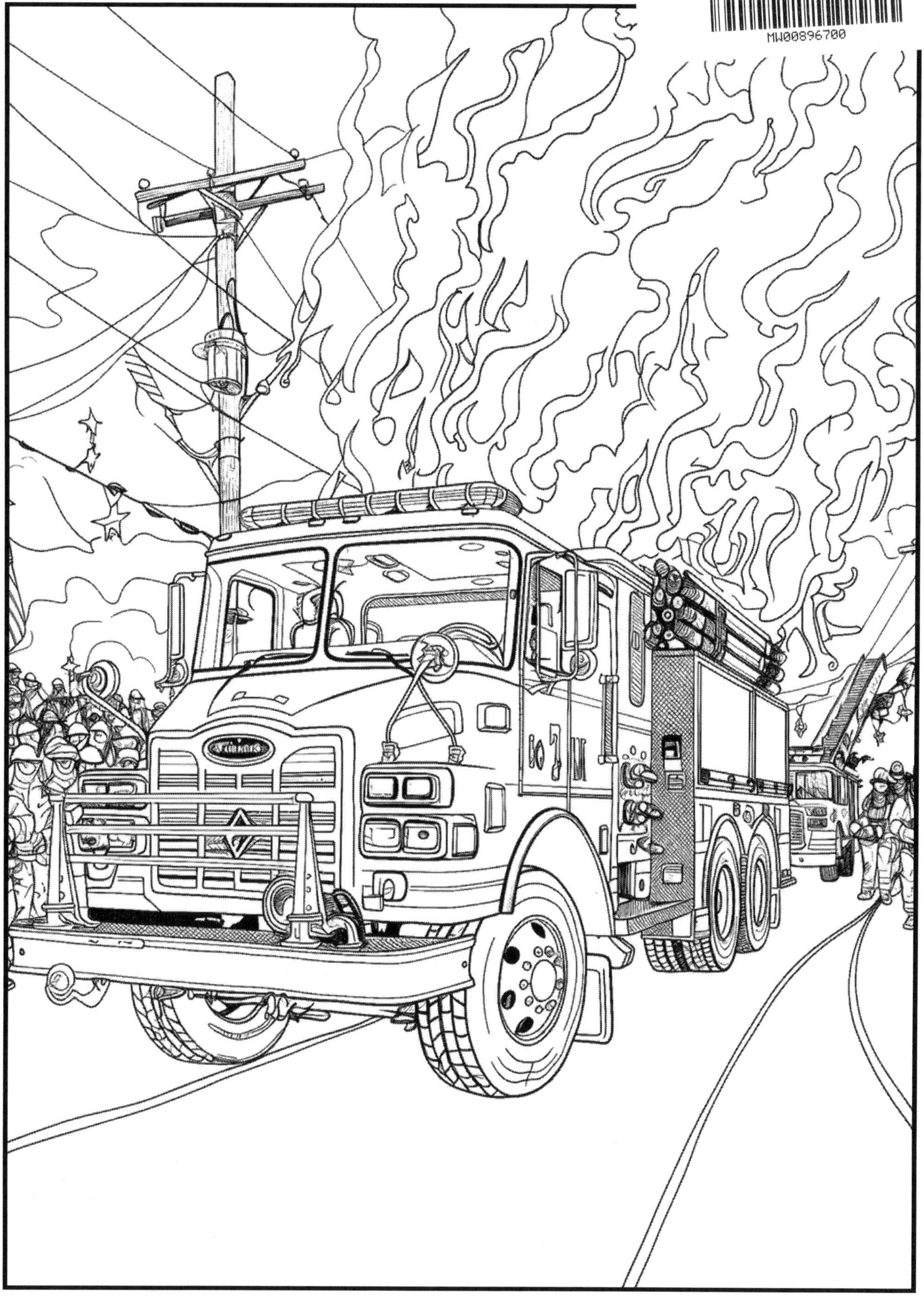

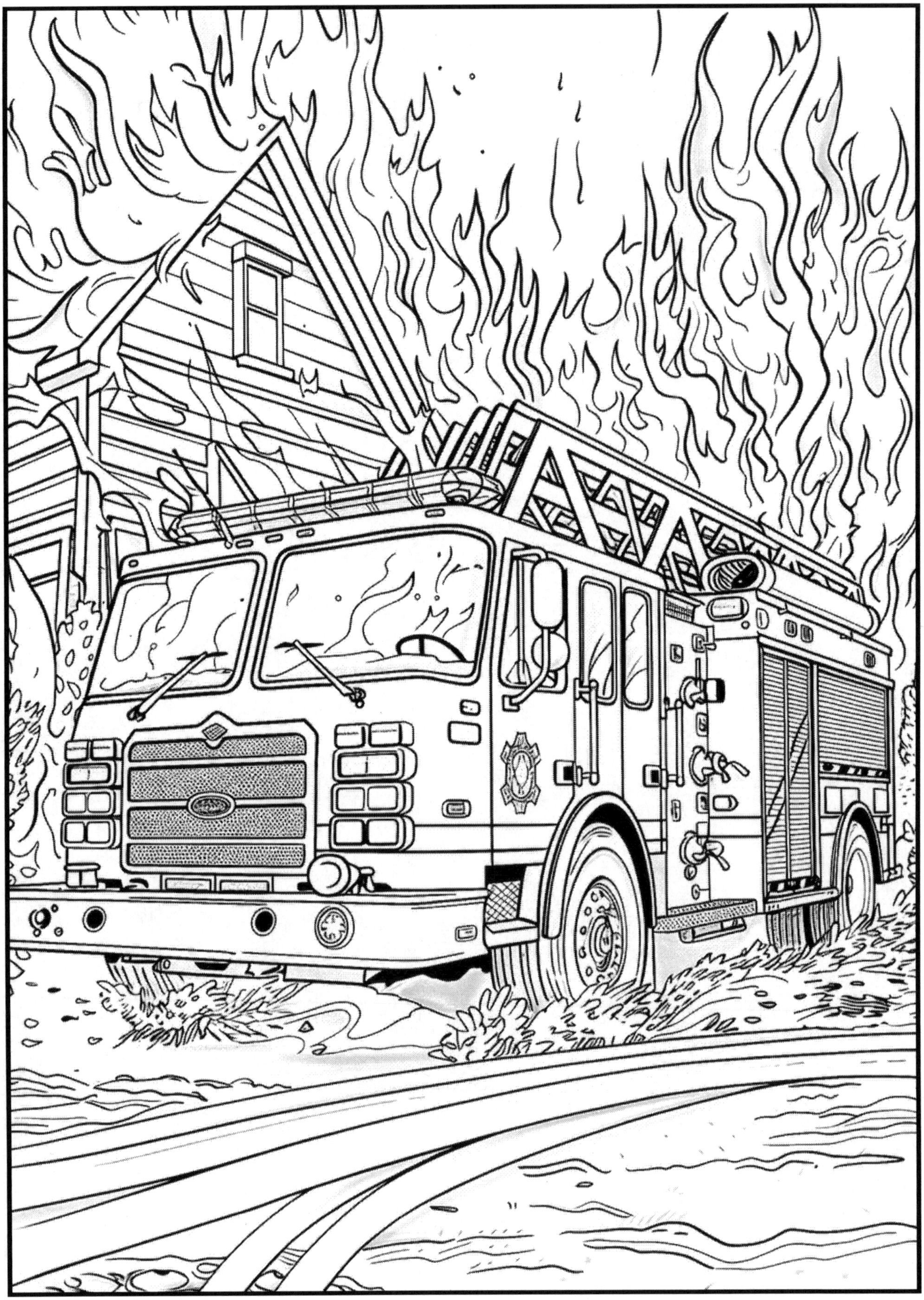

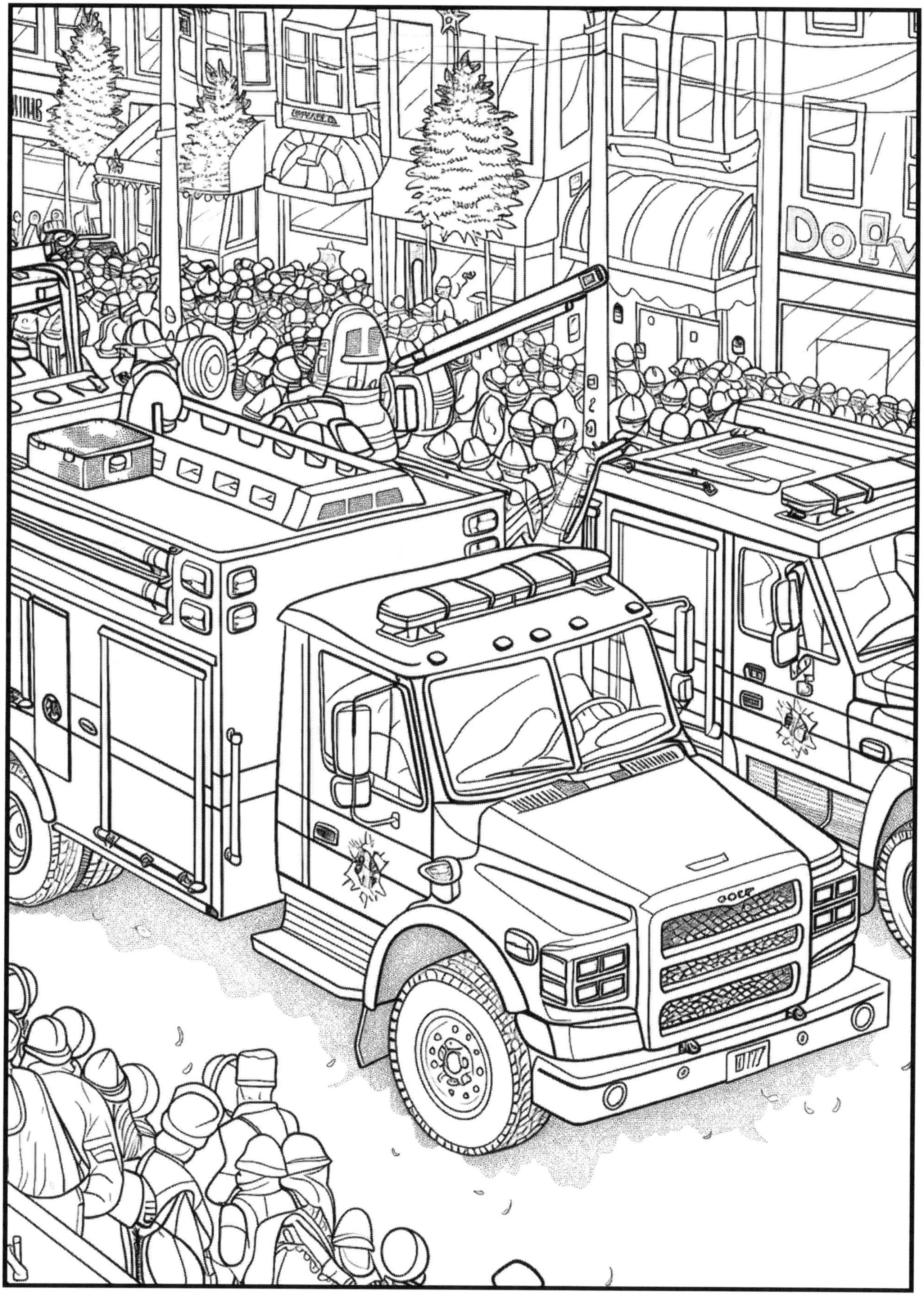

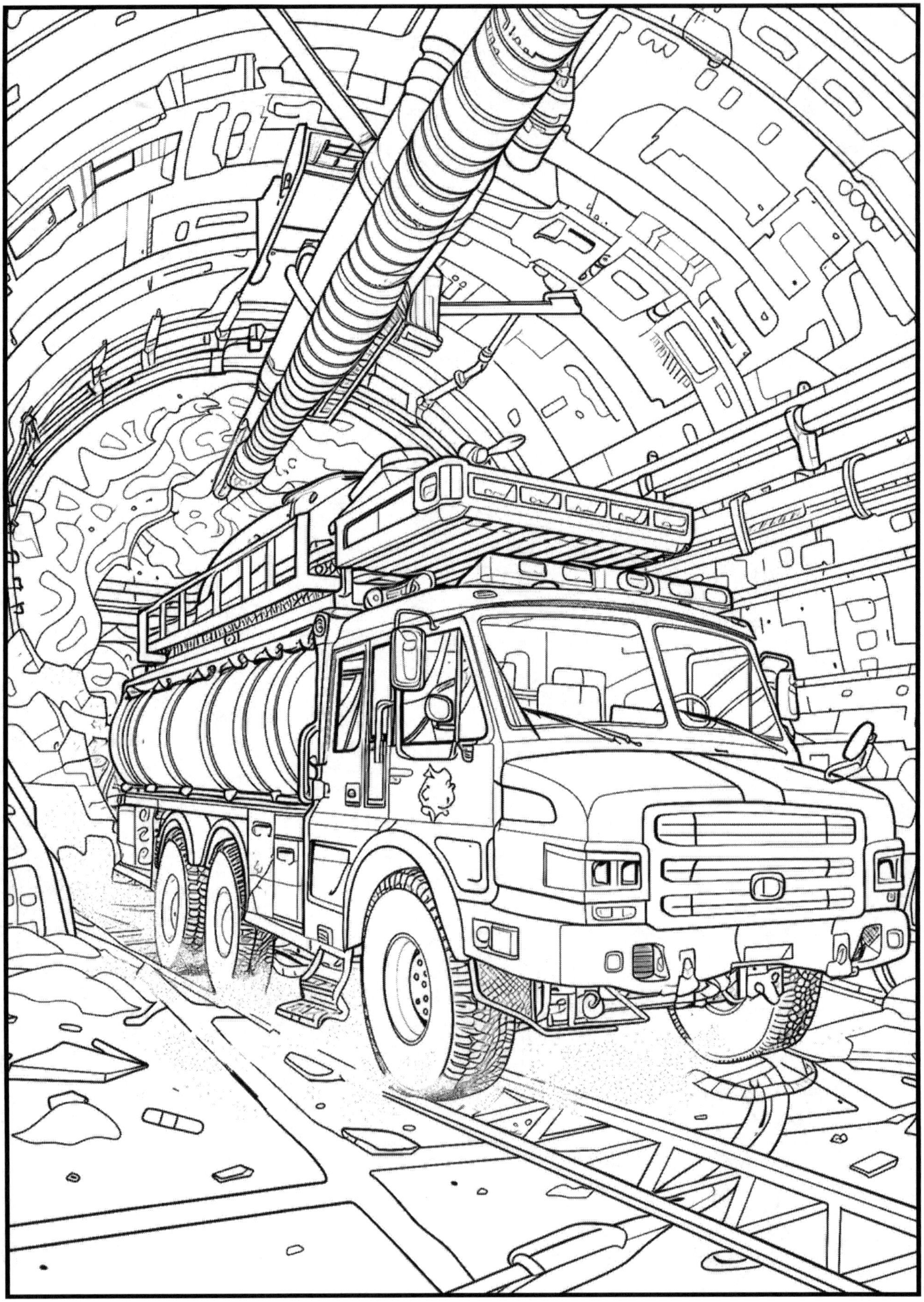

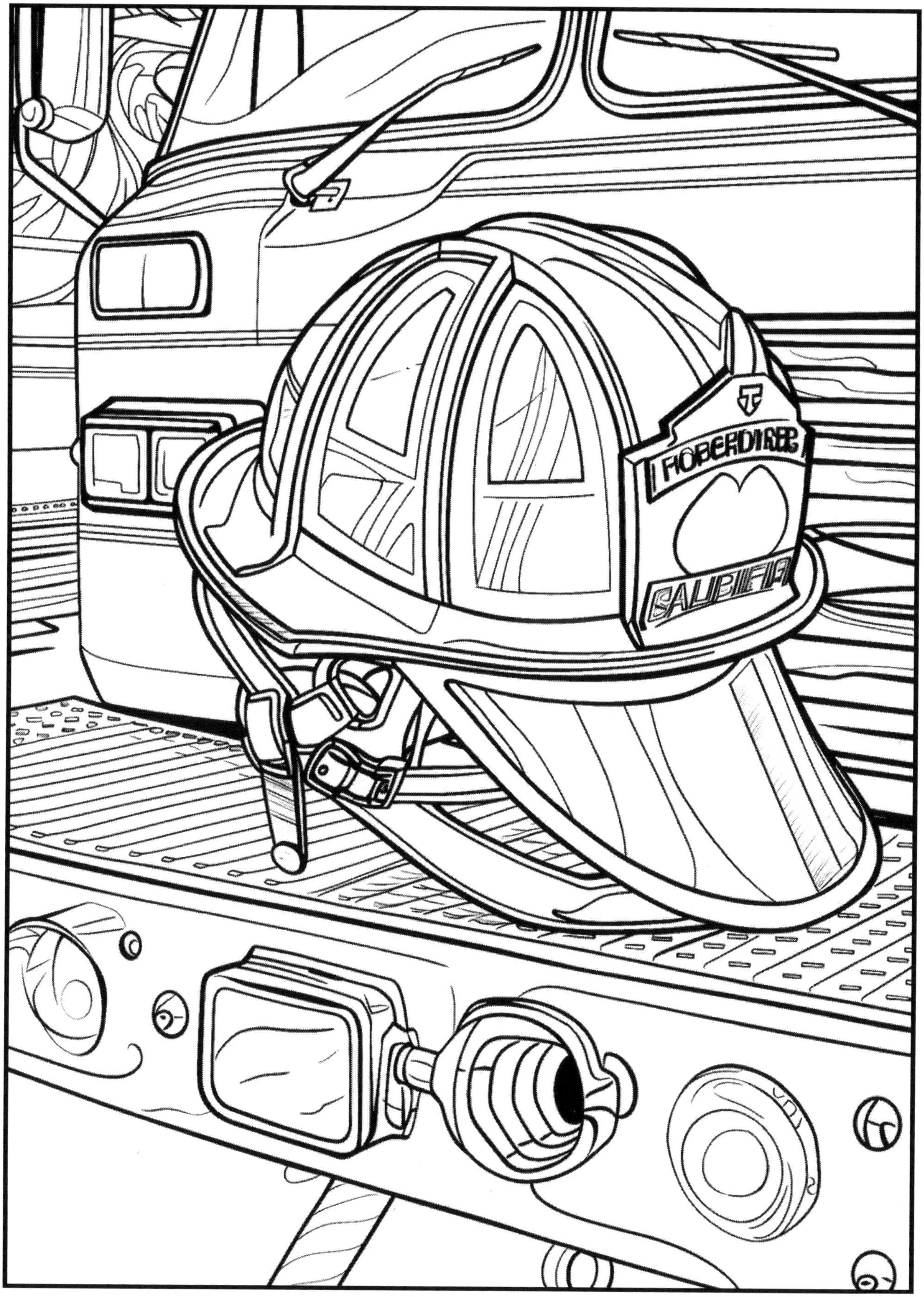

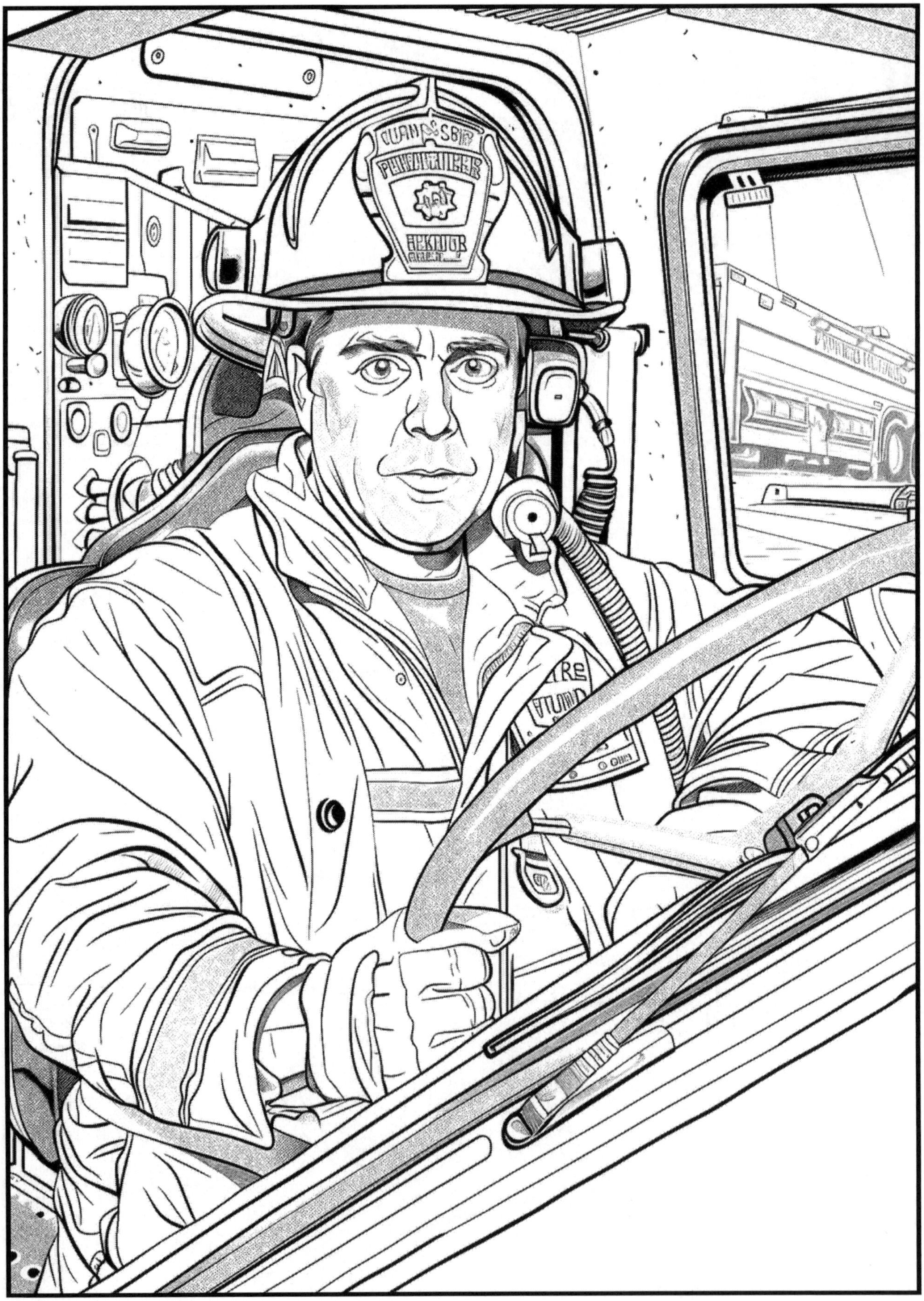

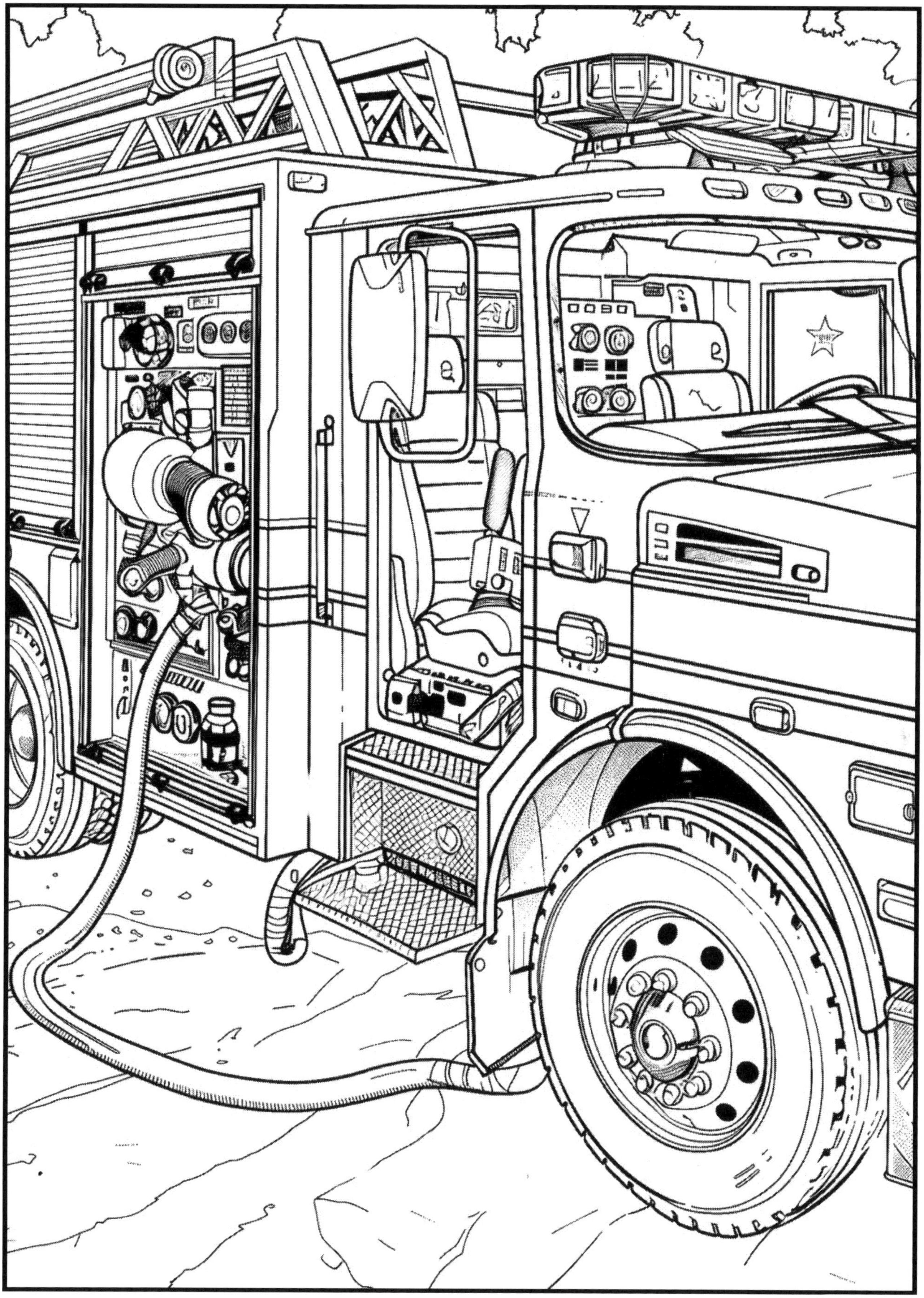

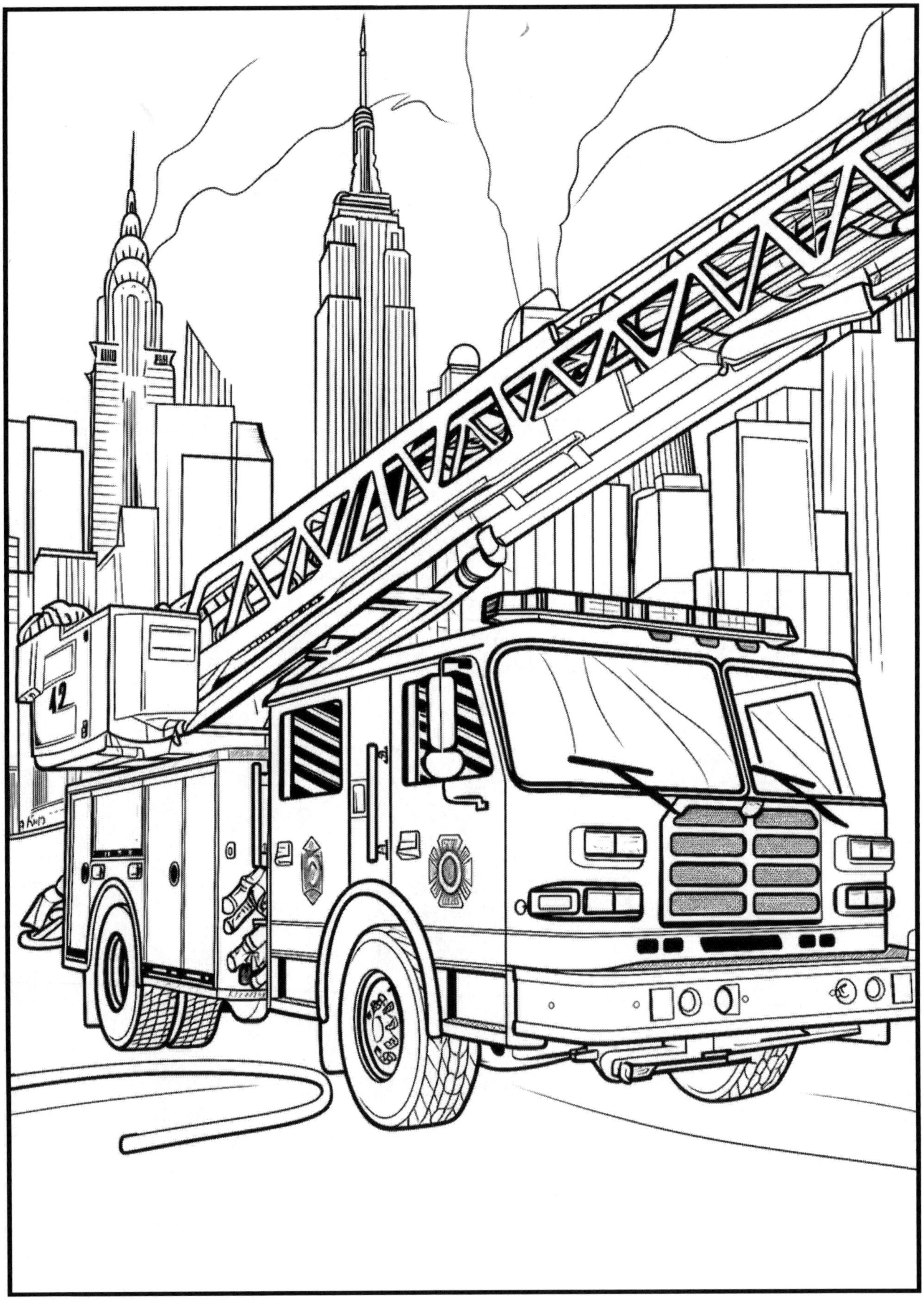
42

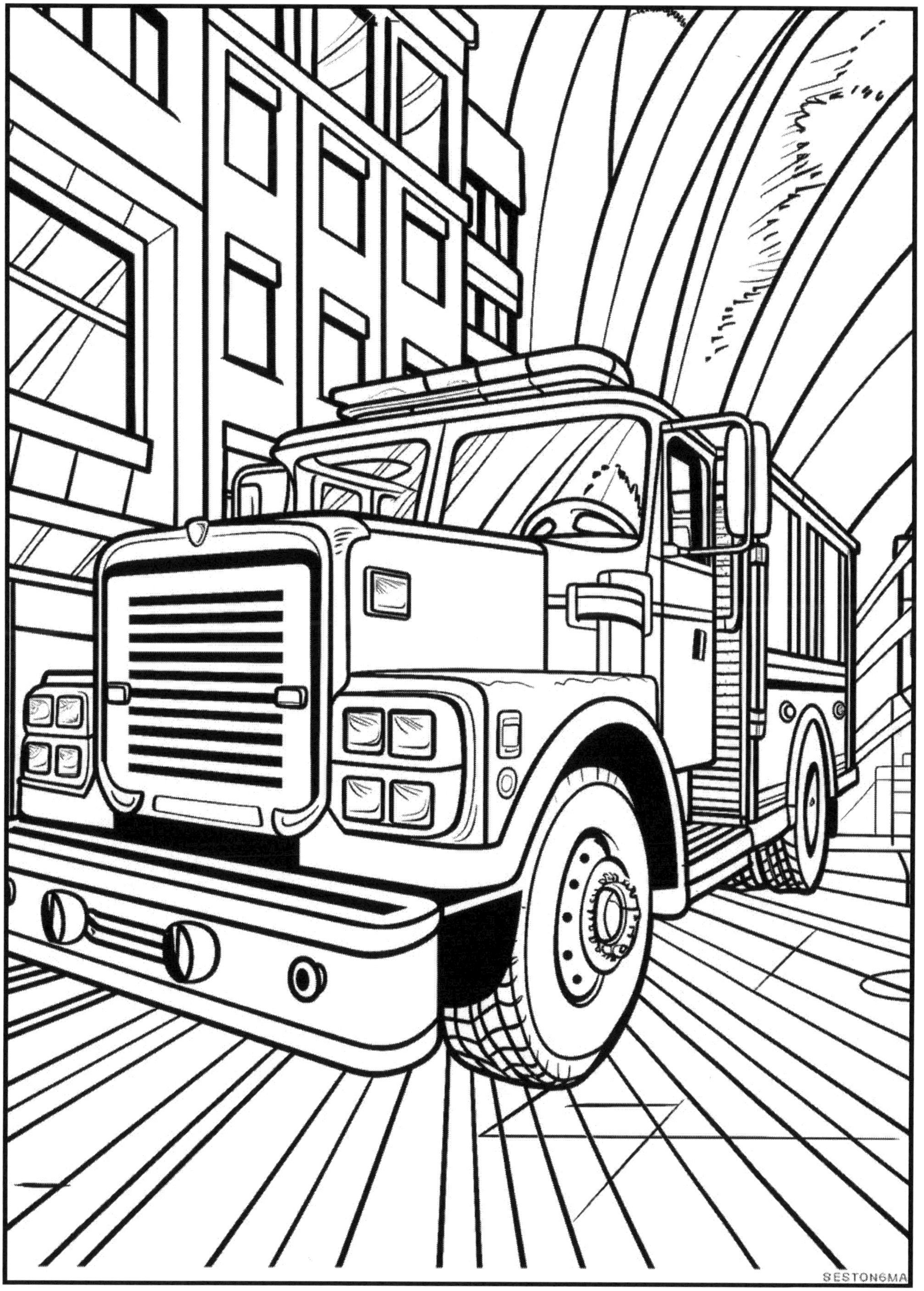
SESTON6MA

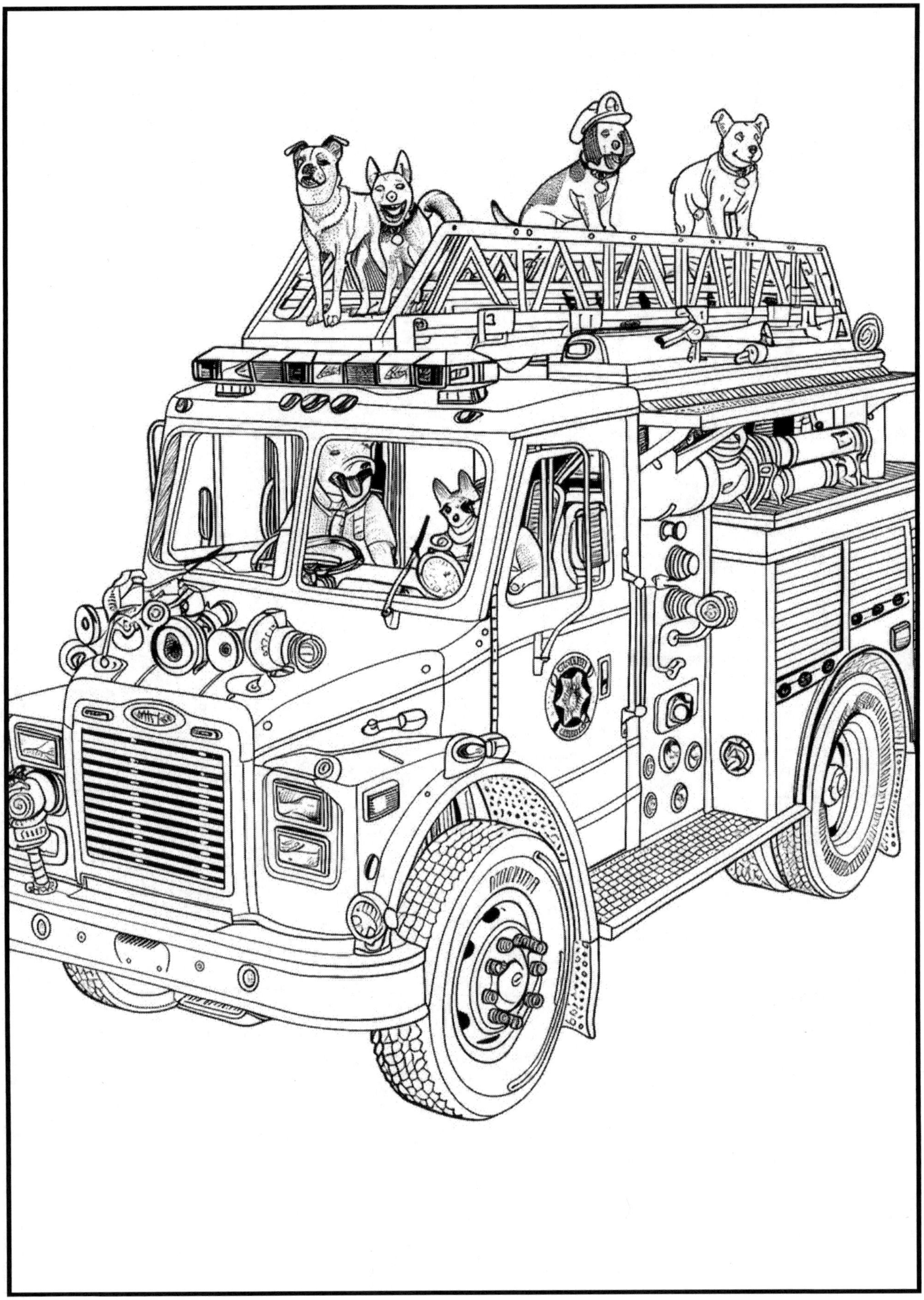

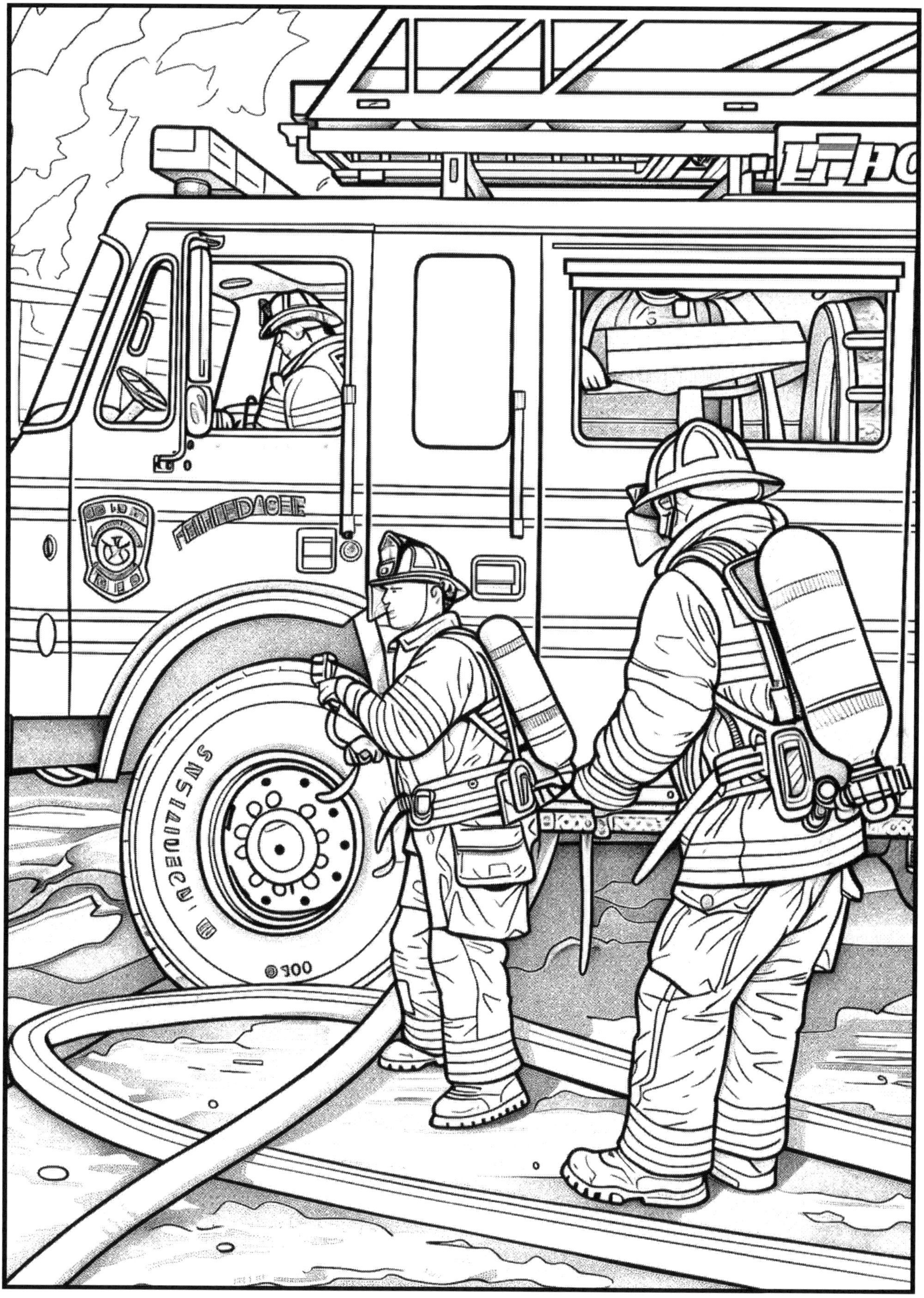

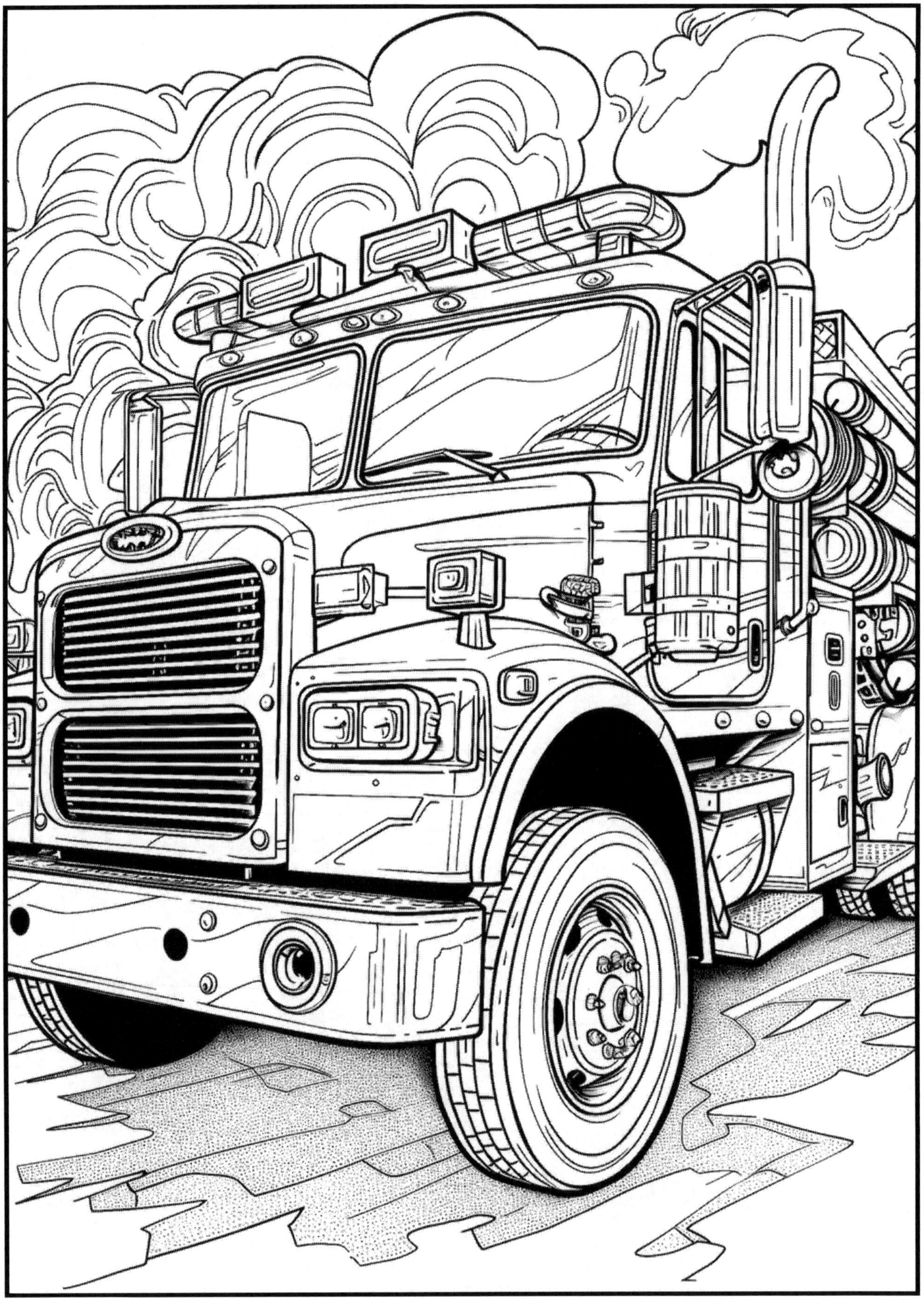

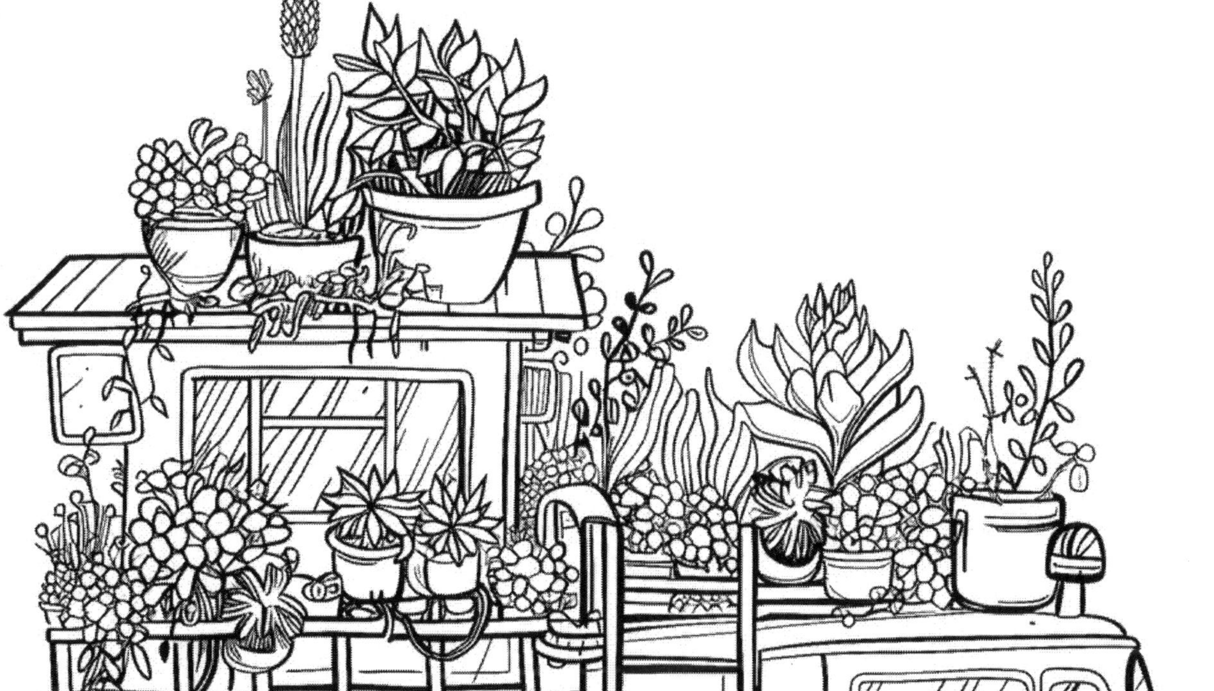

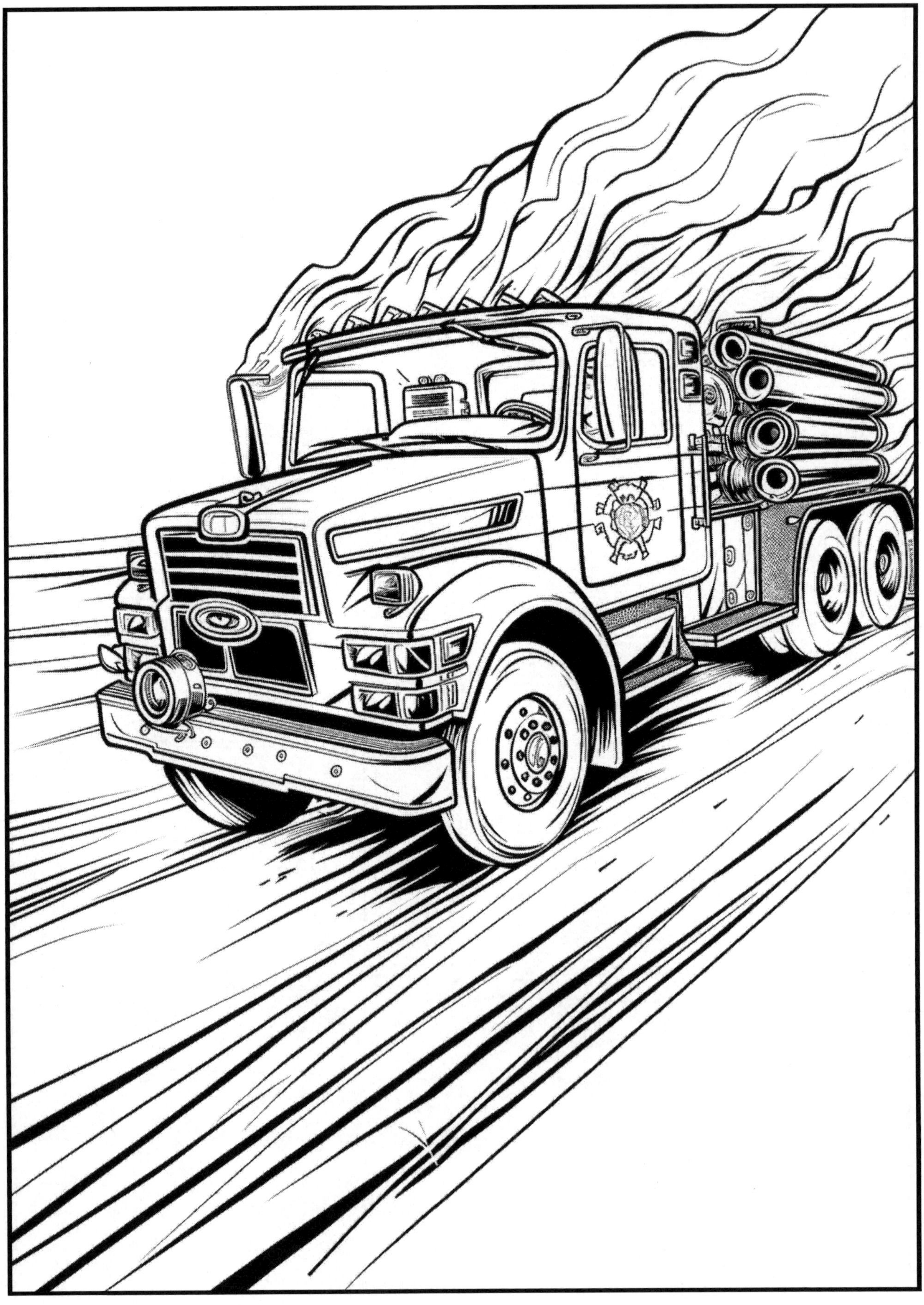

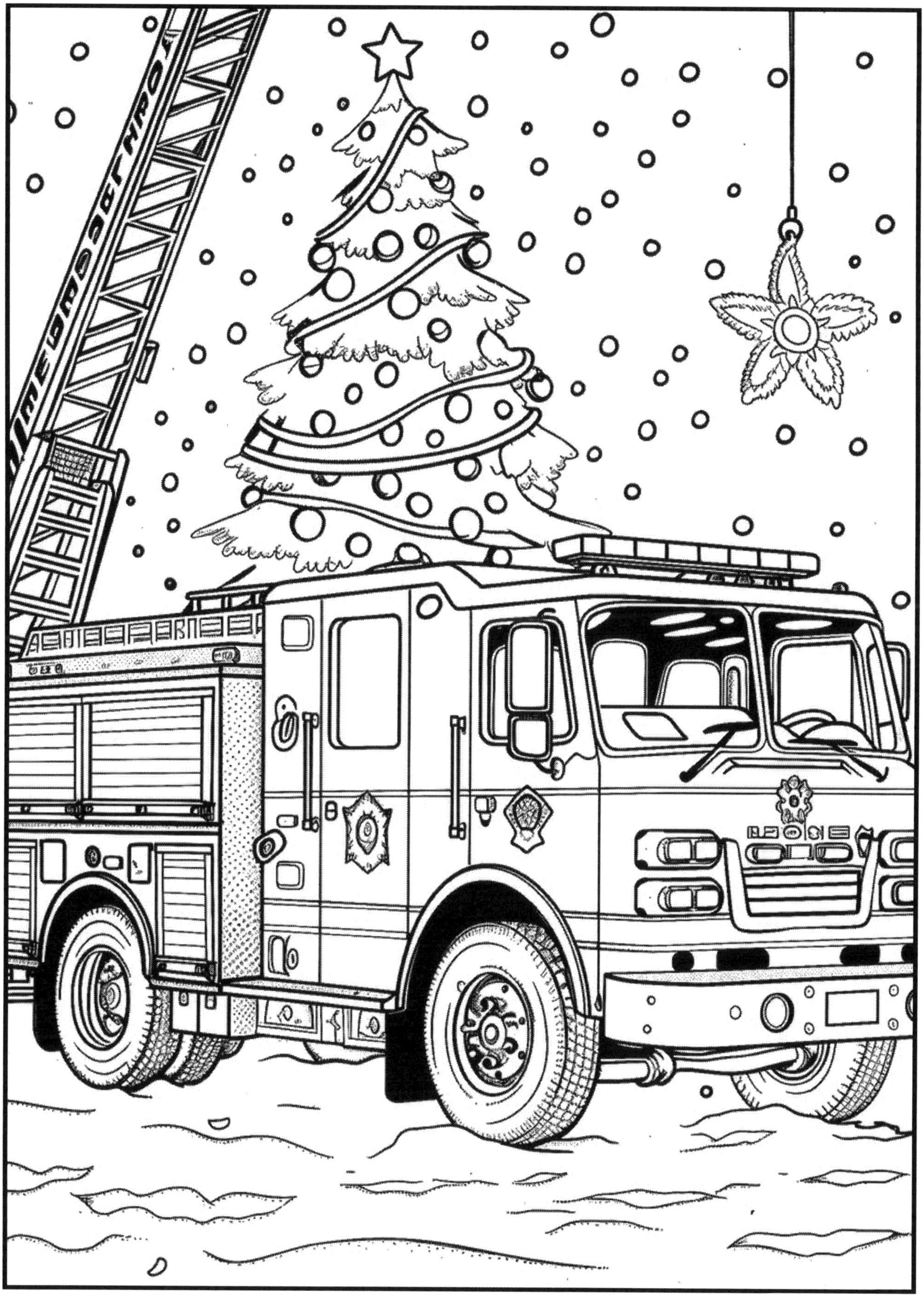

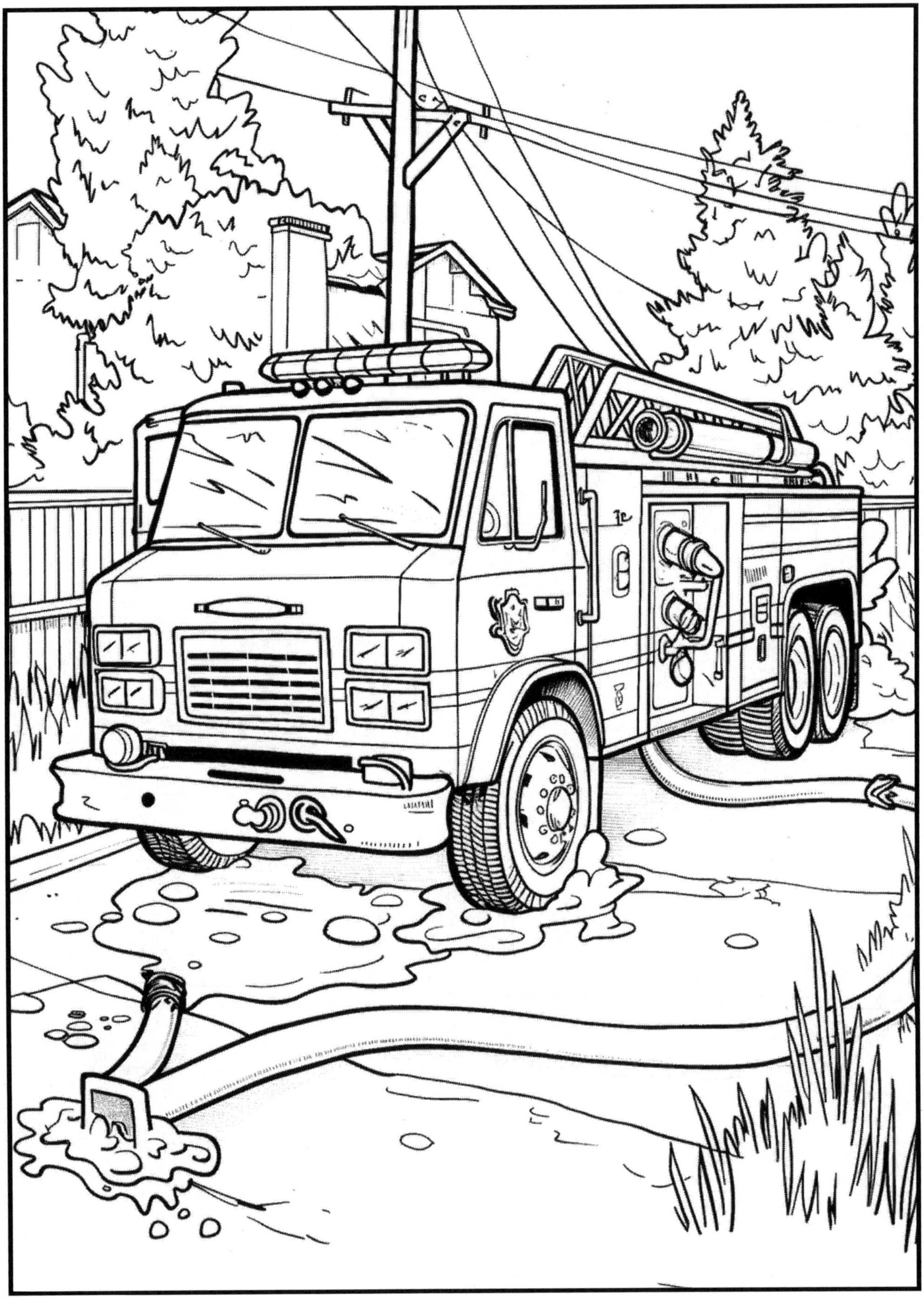

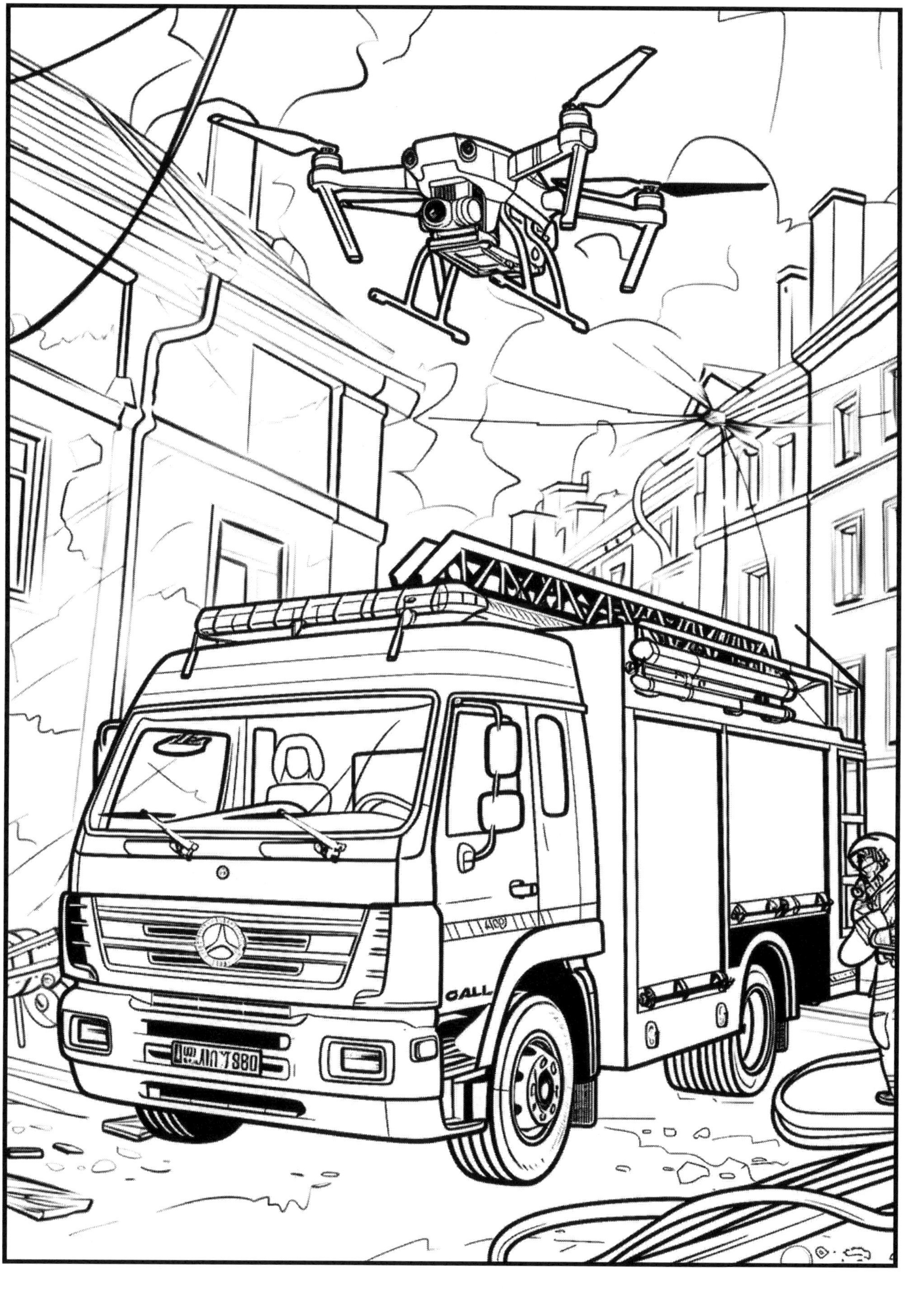

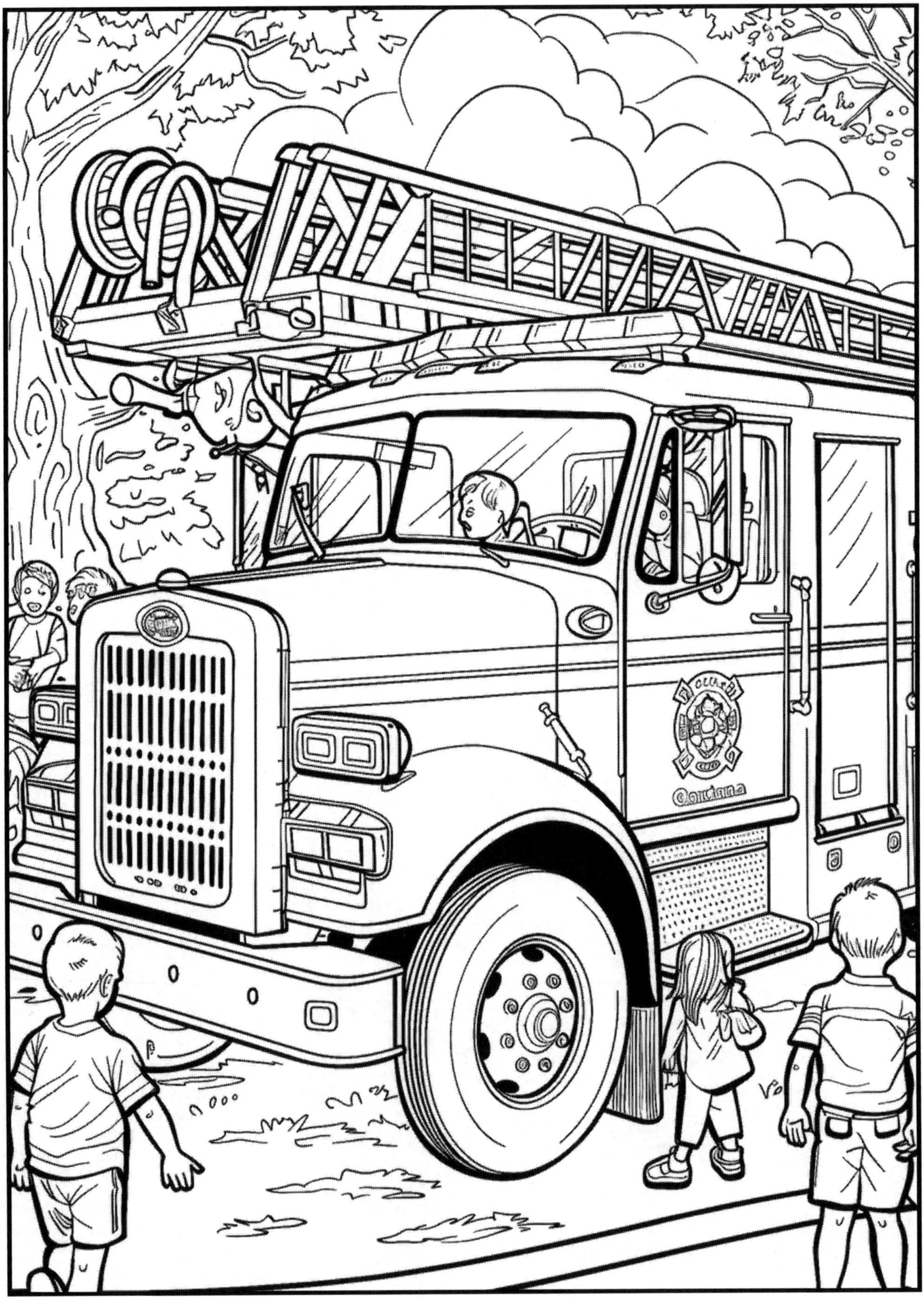

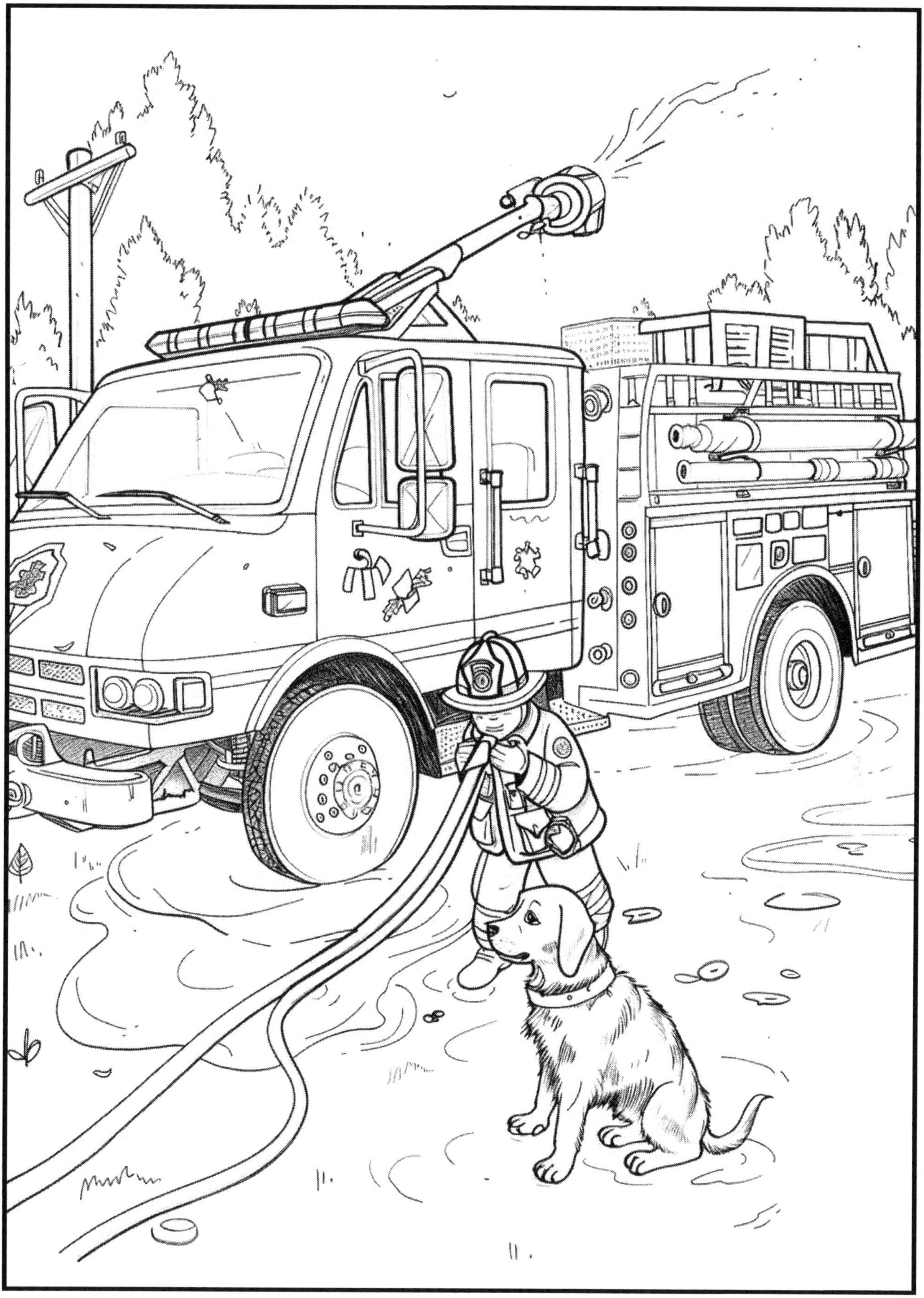

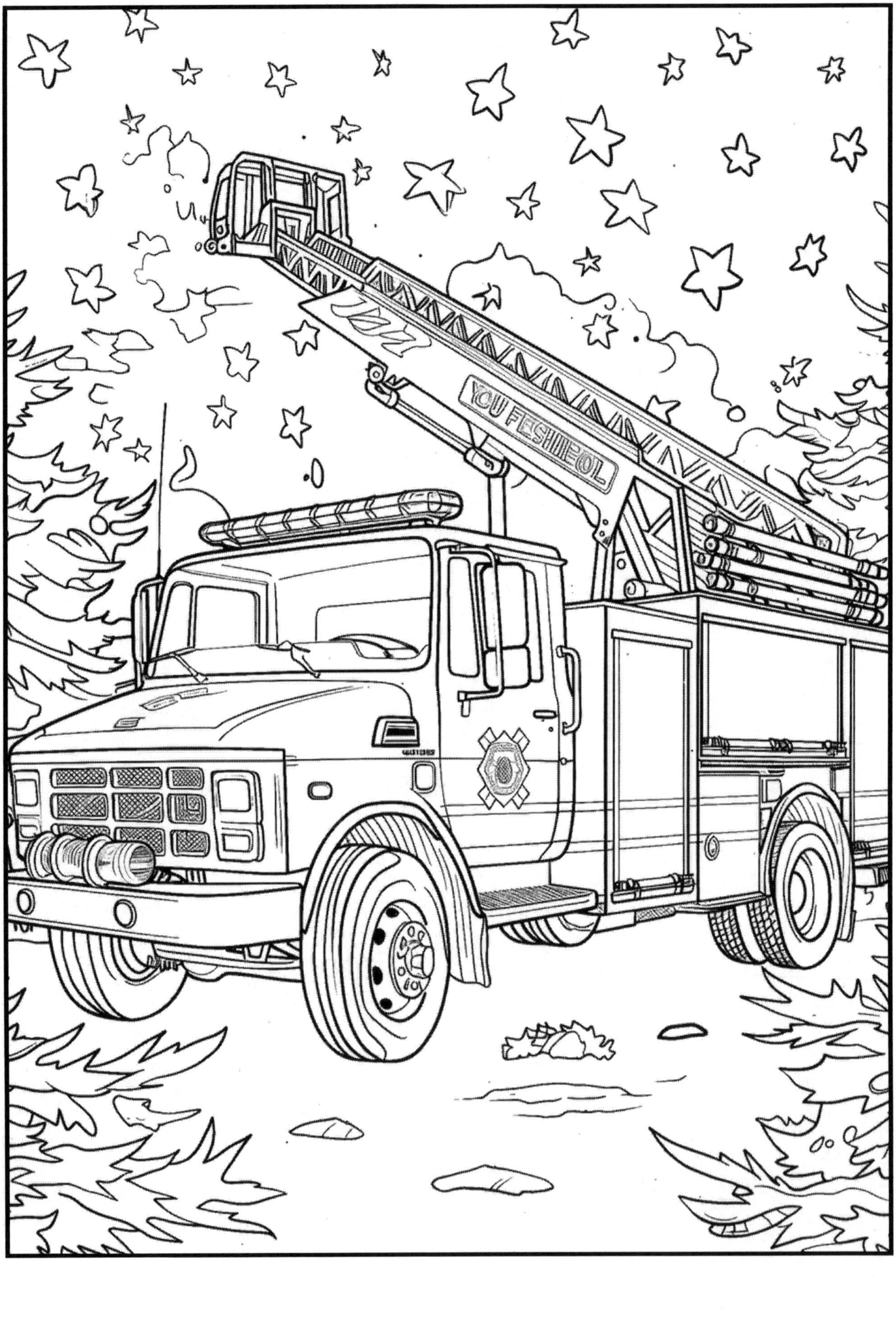

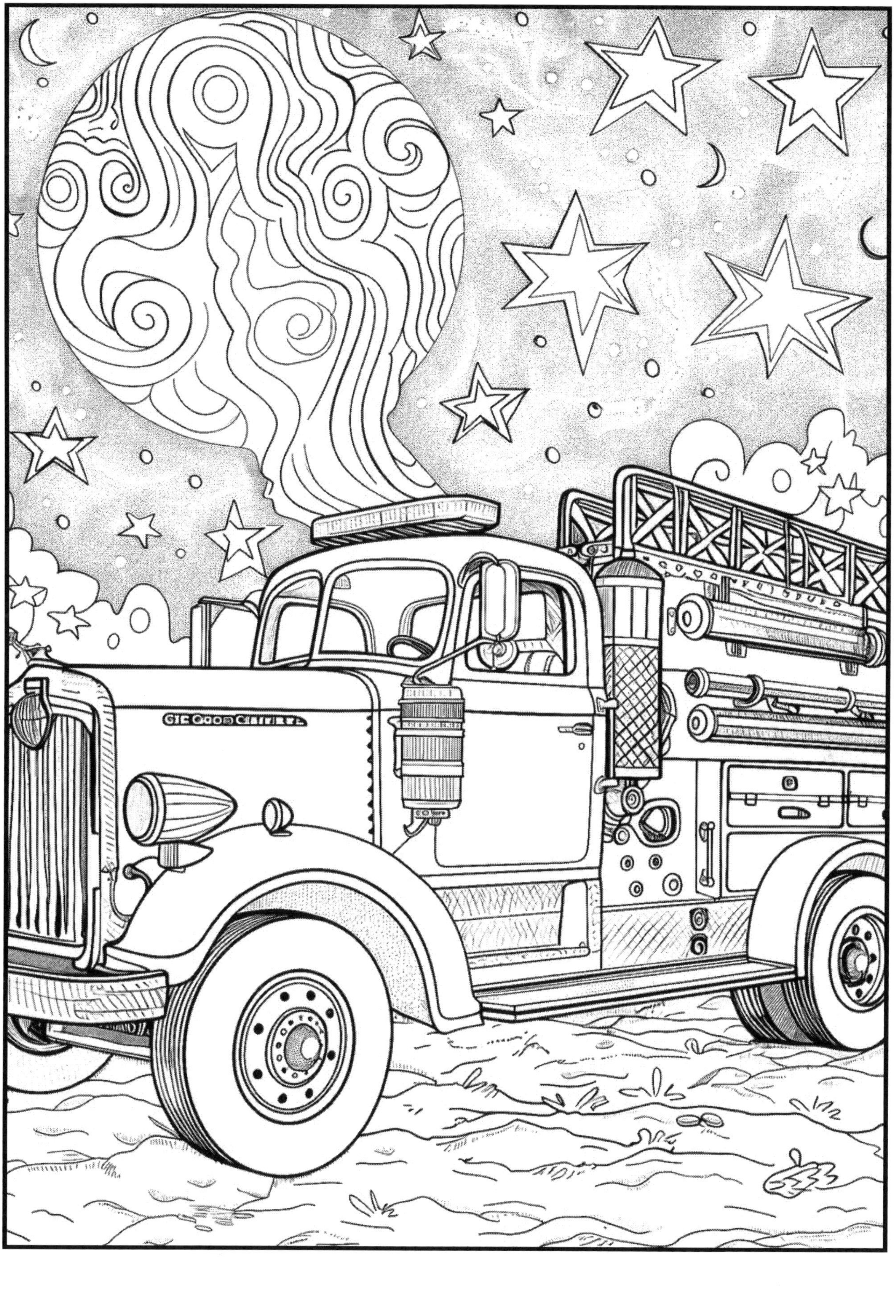

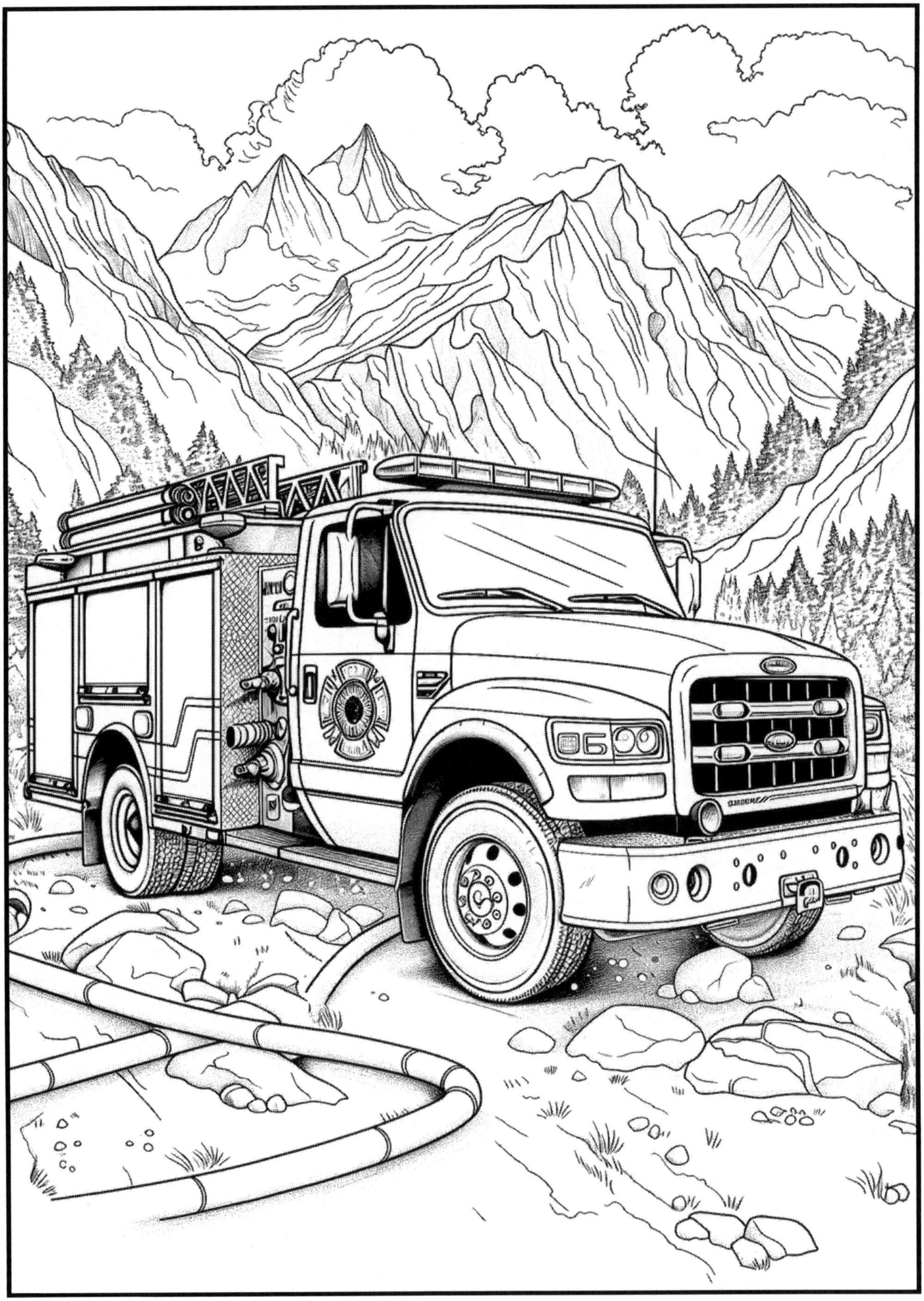

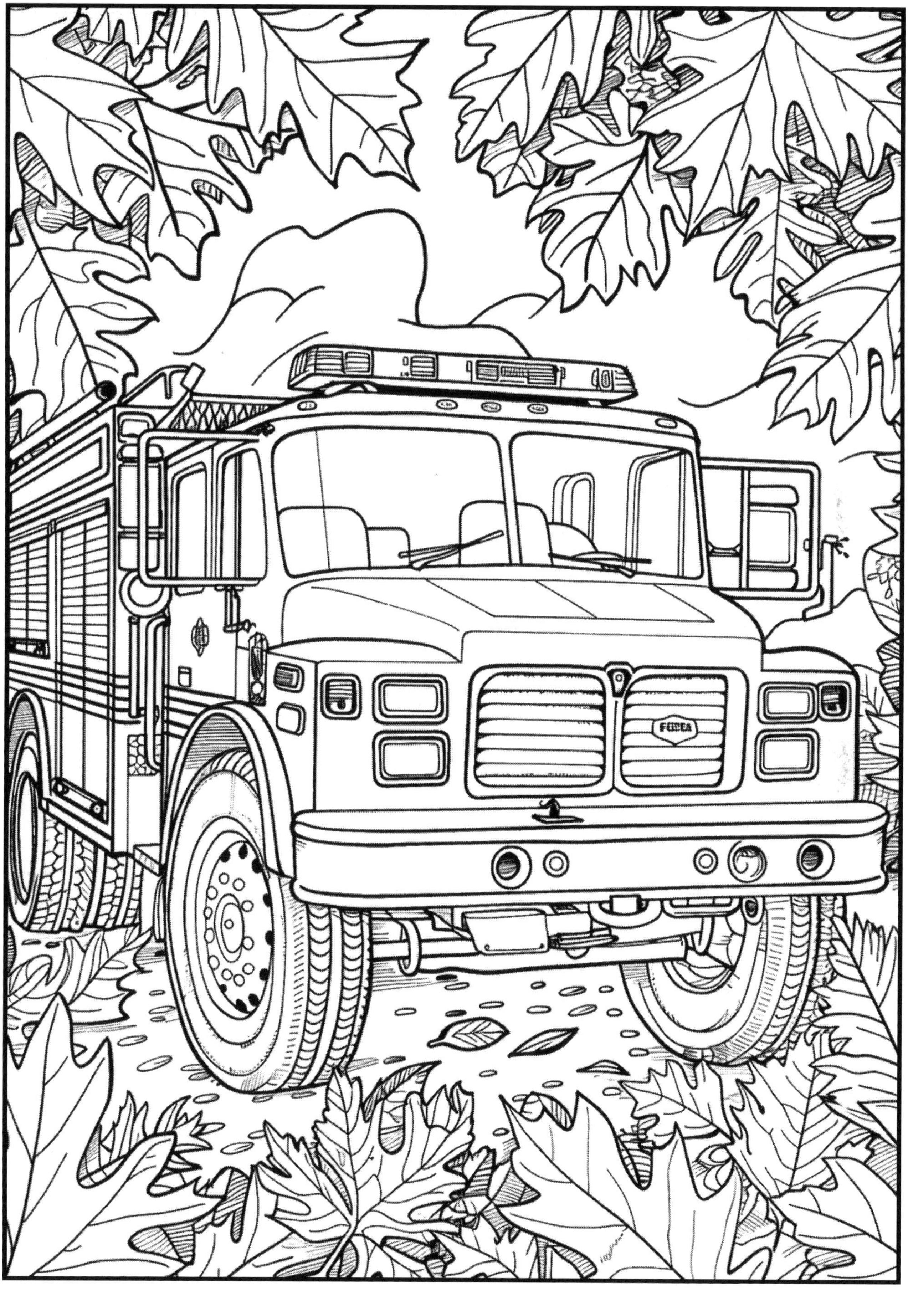

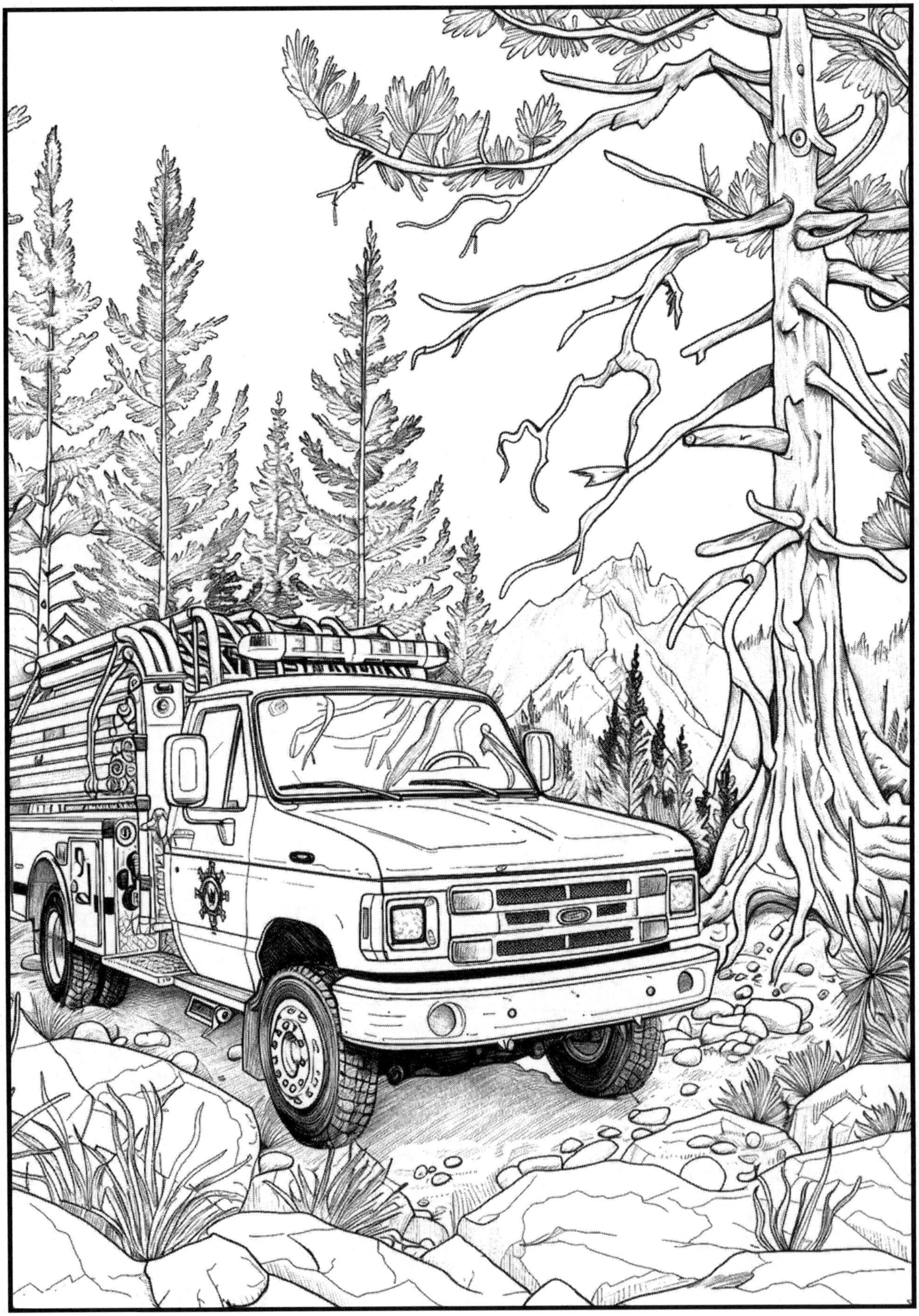

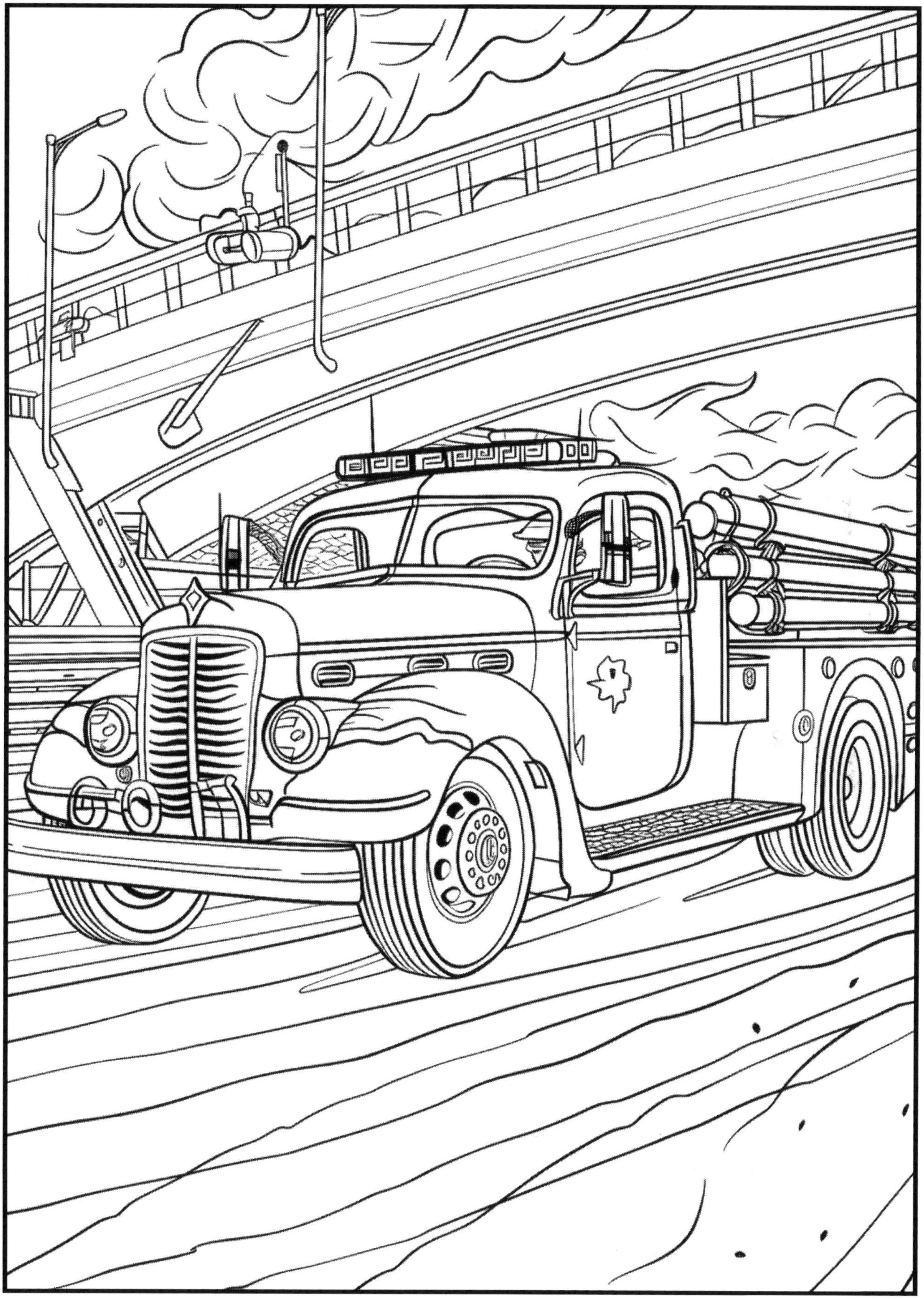

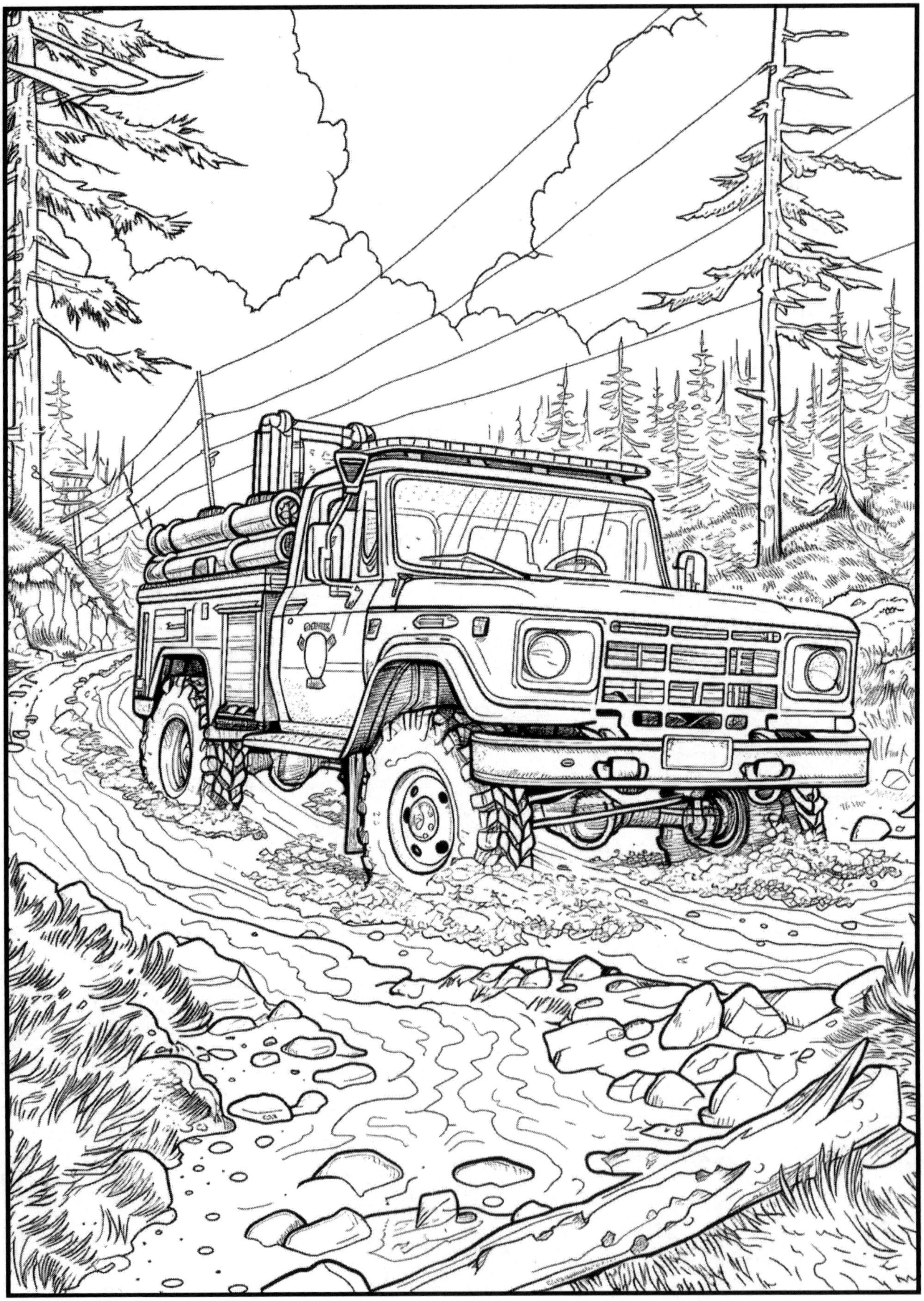

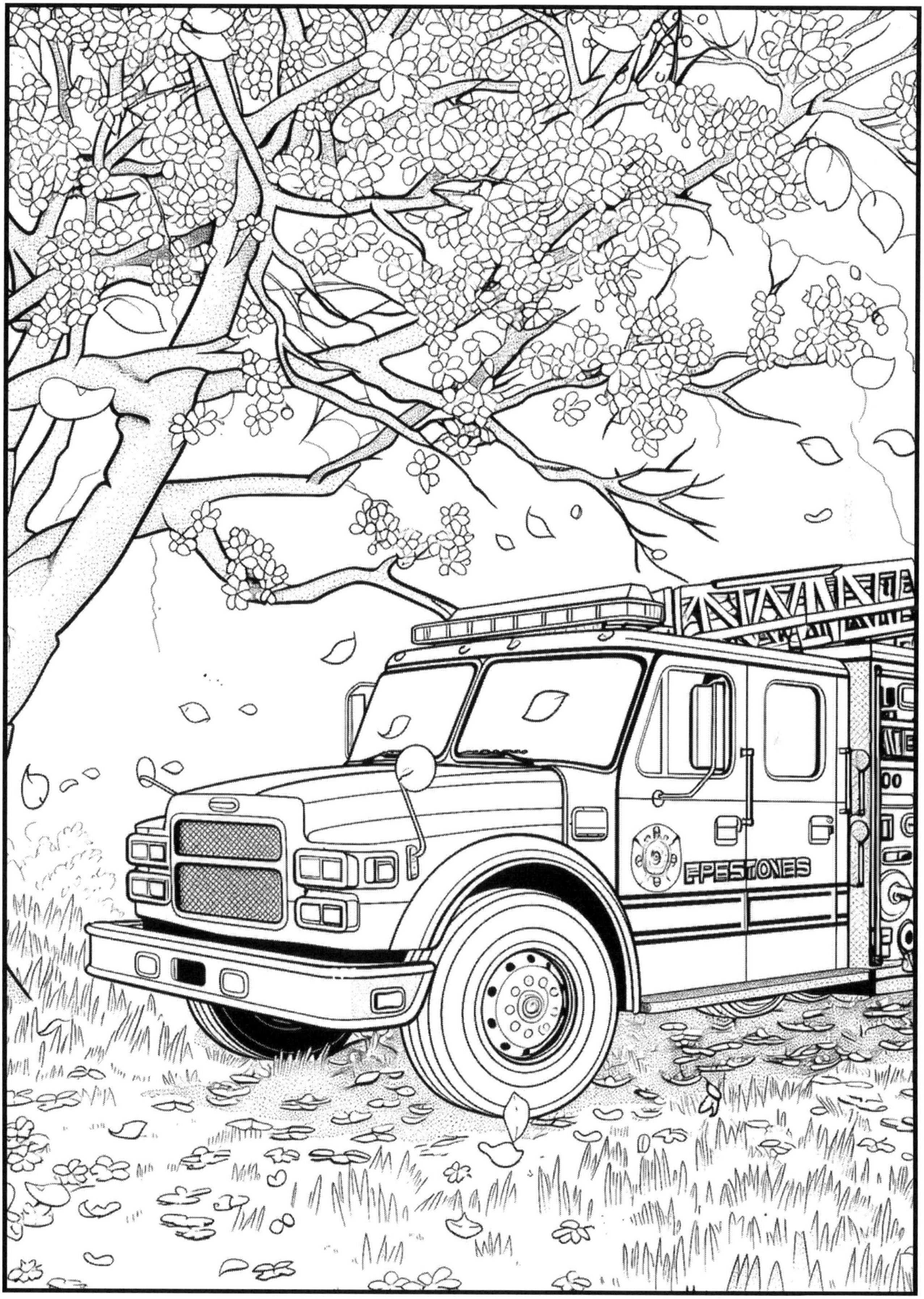
FPESTONES

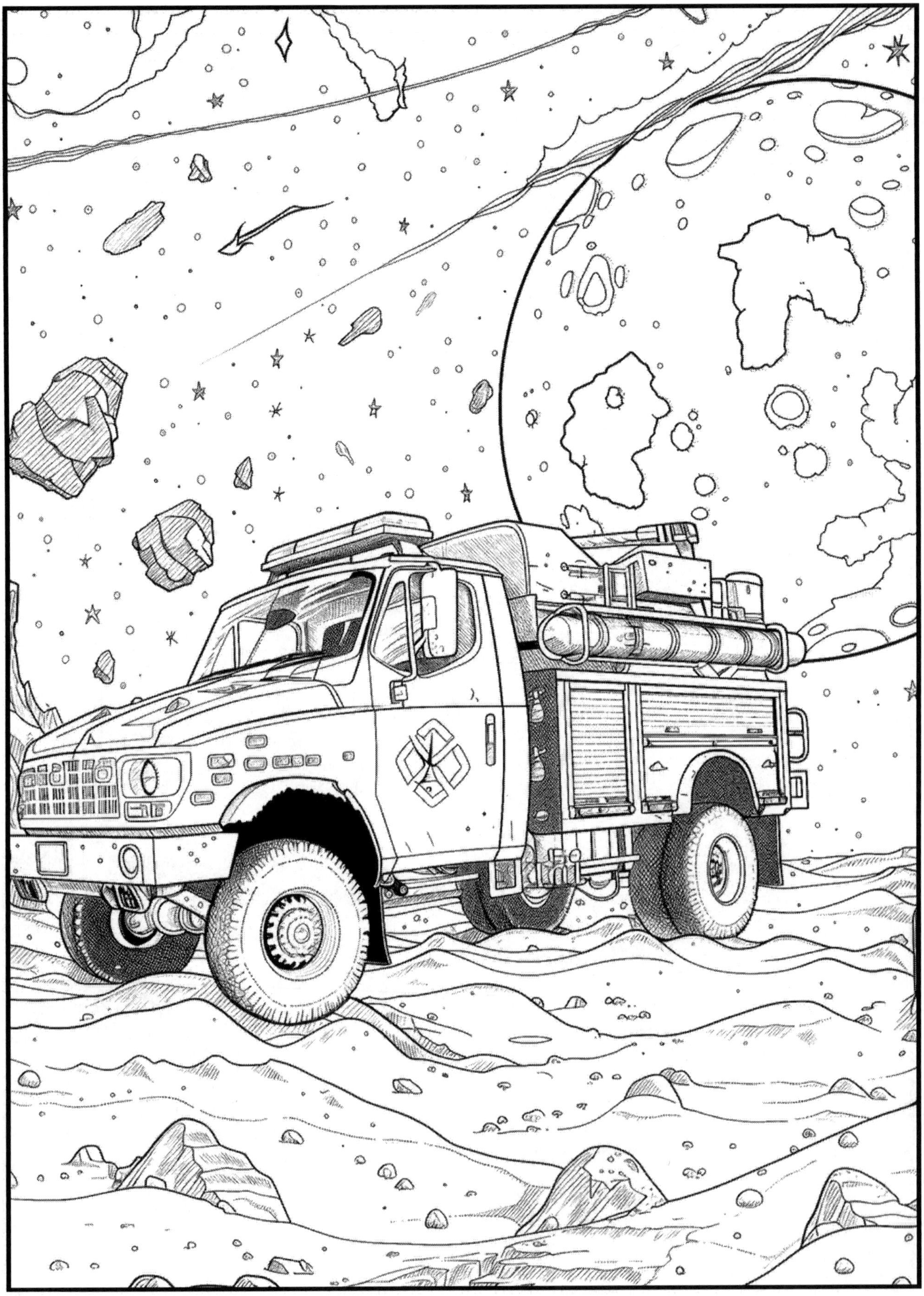

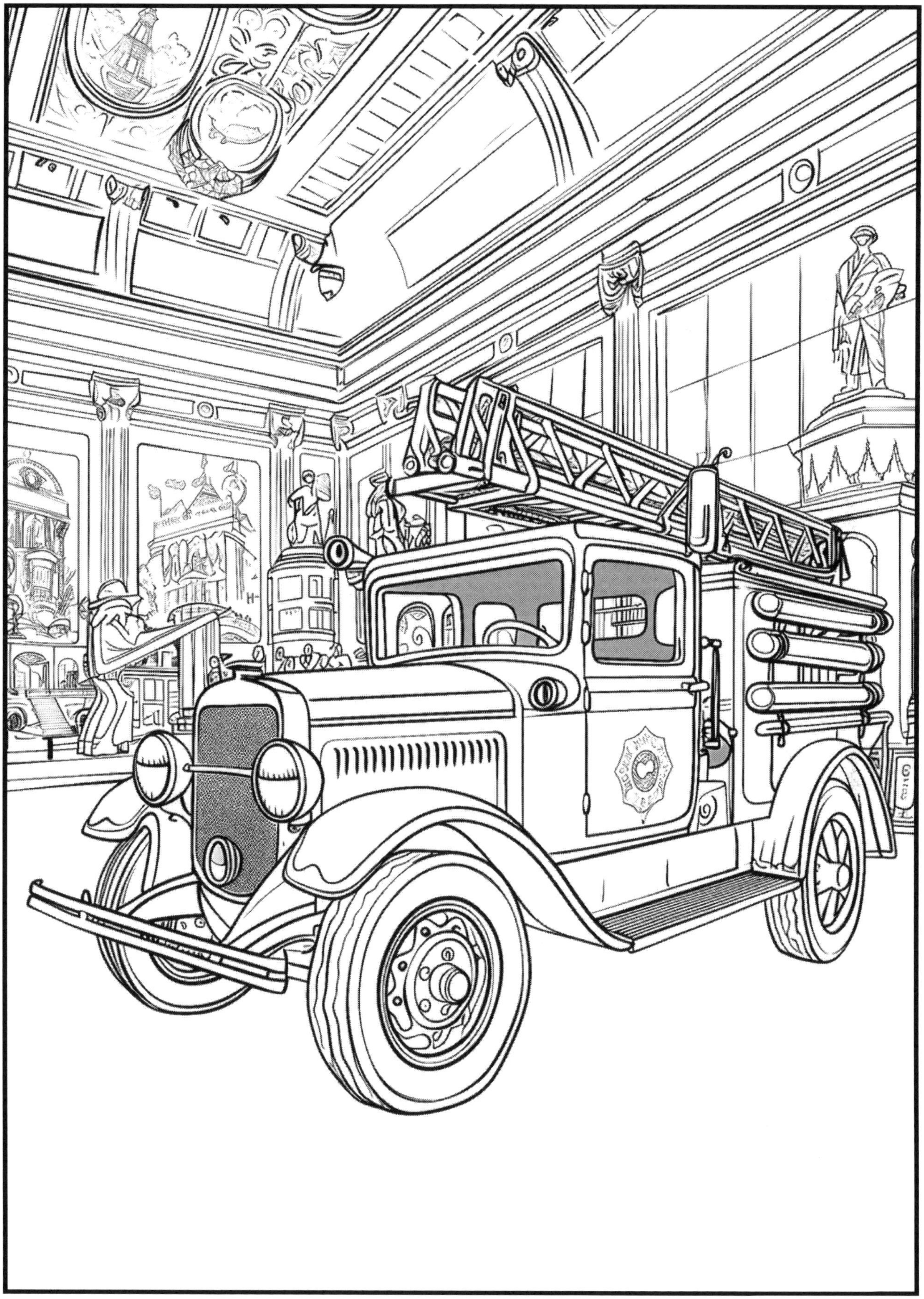

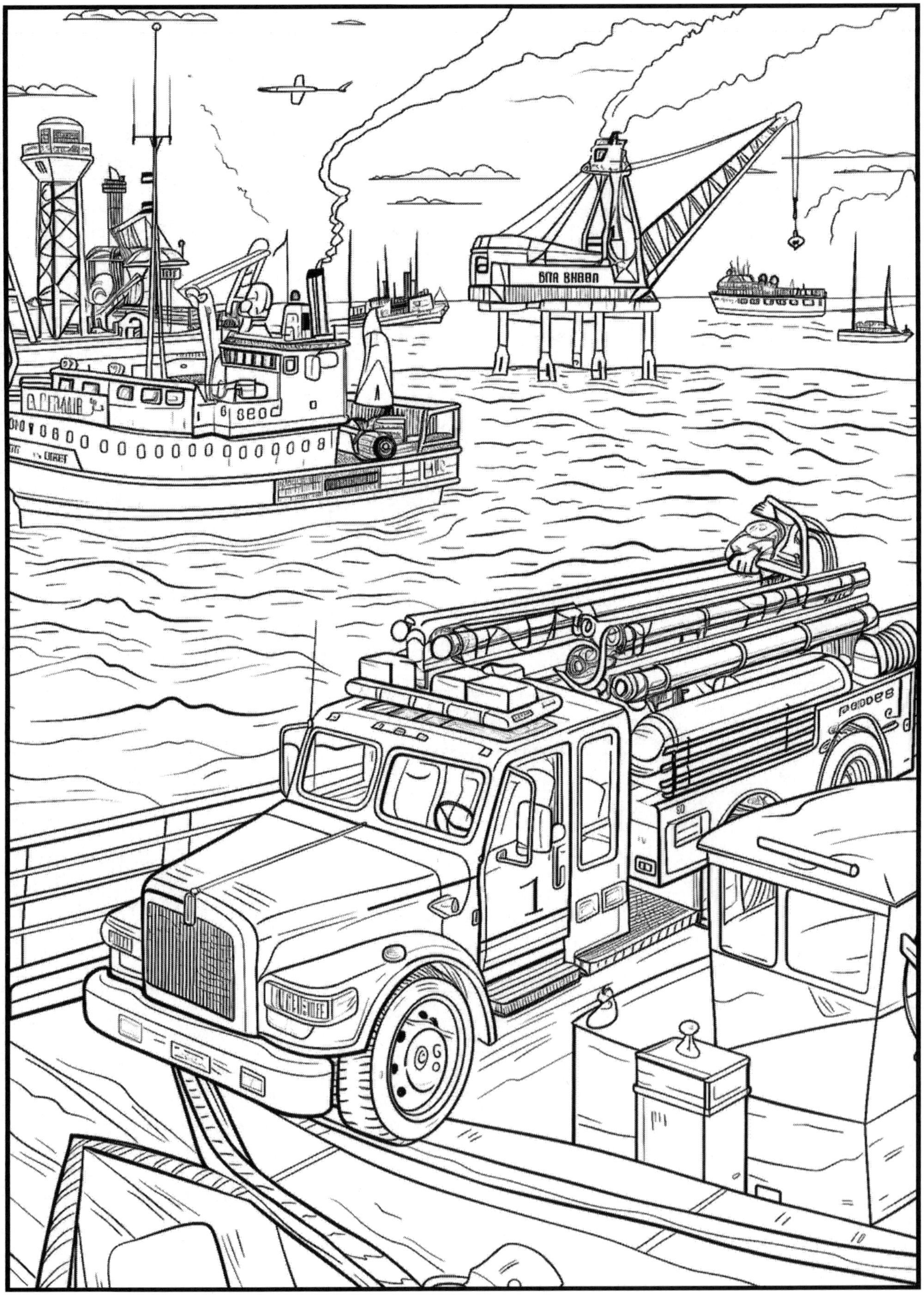

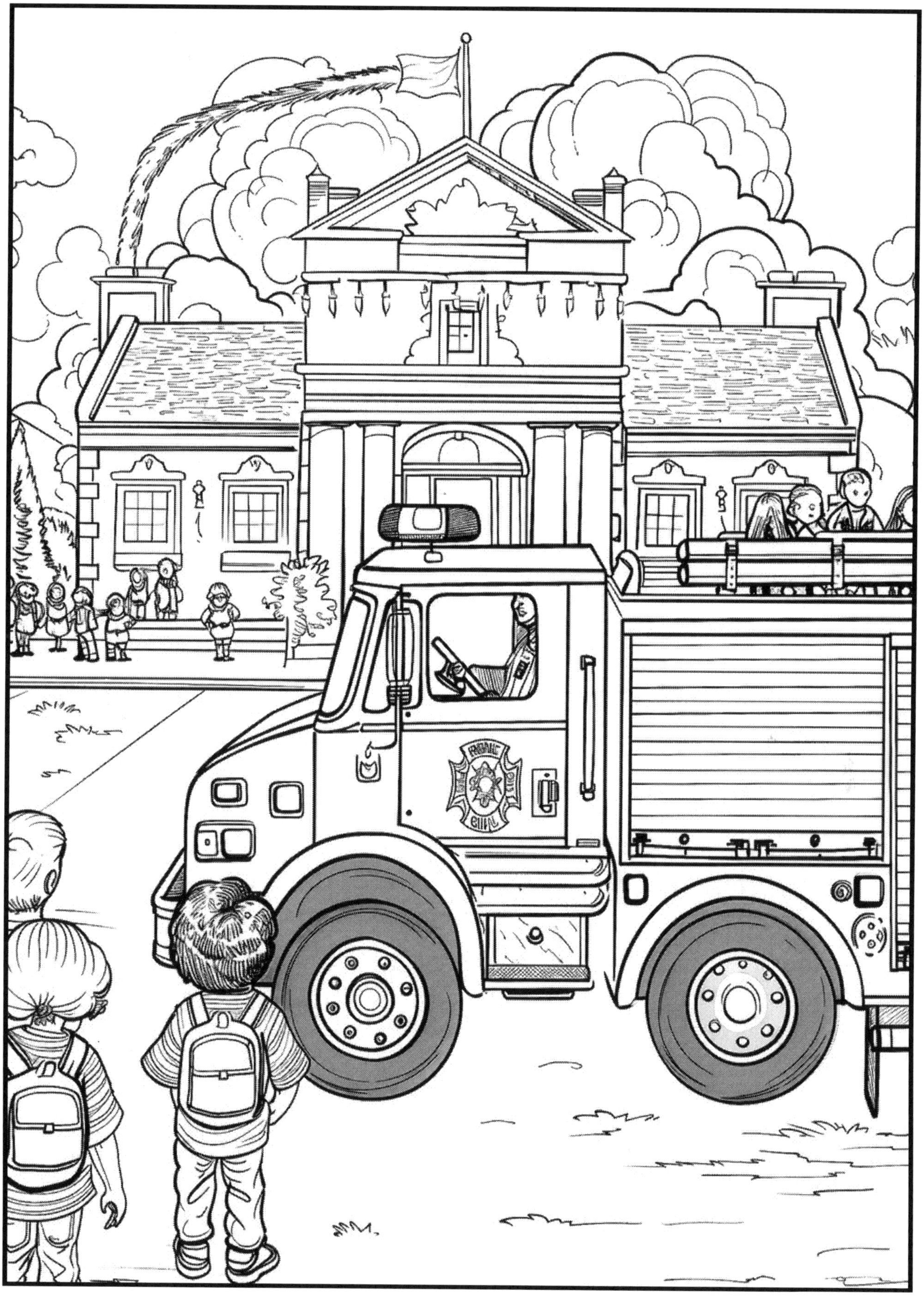

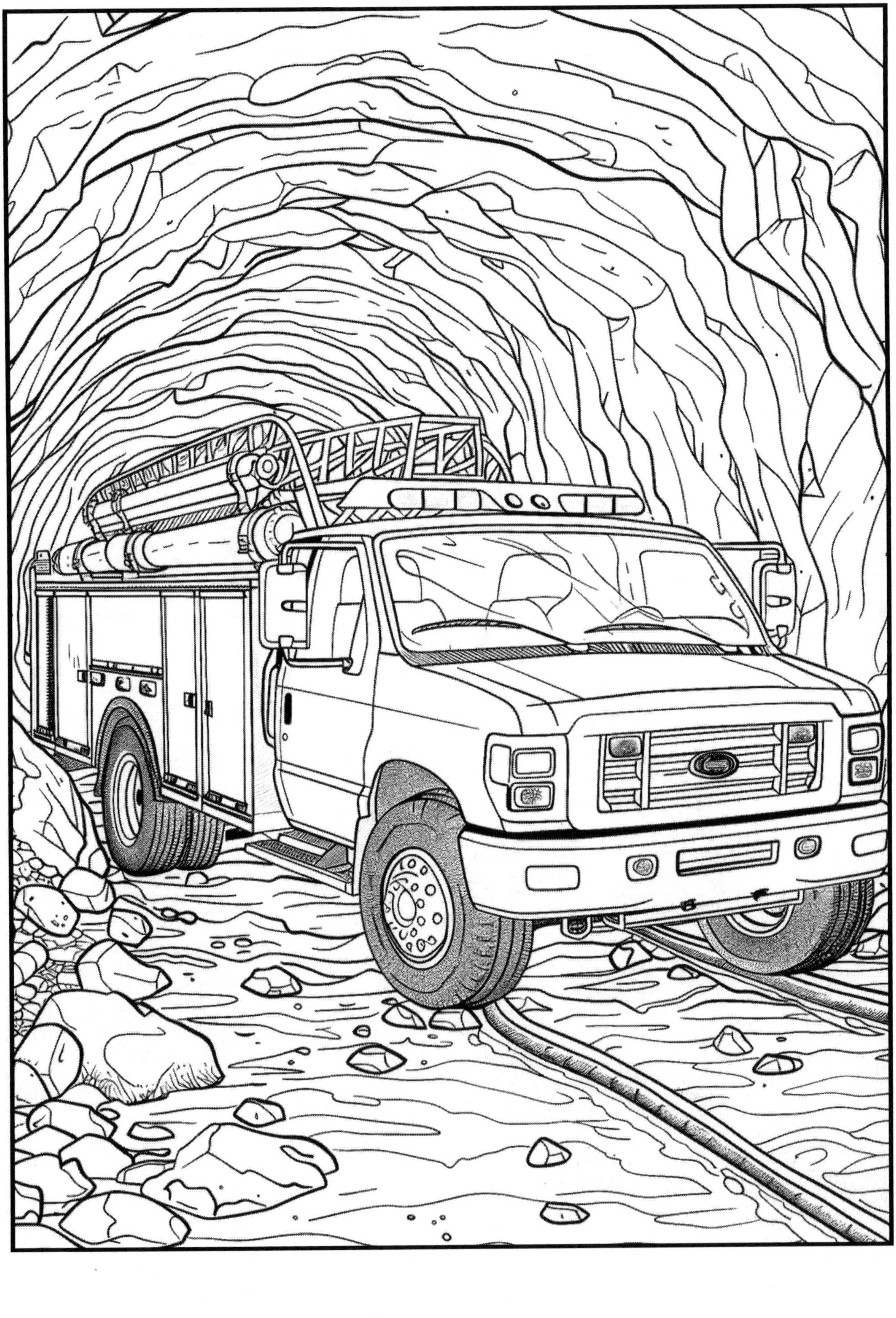

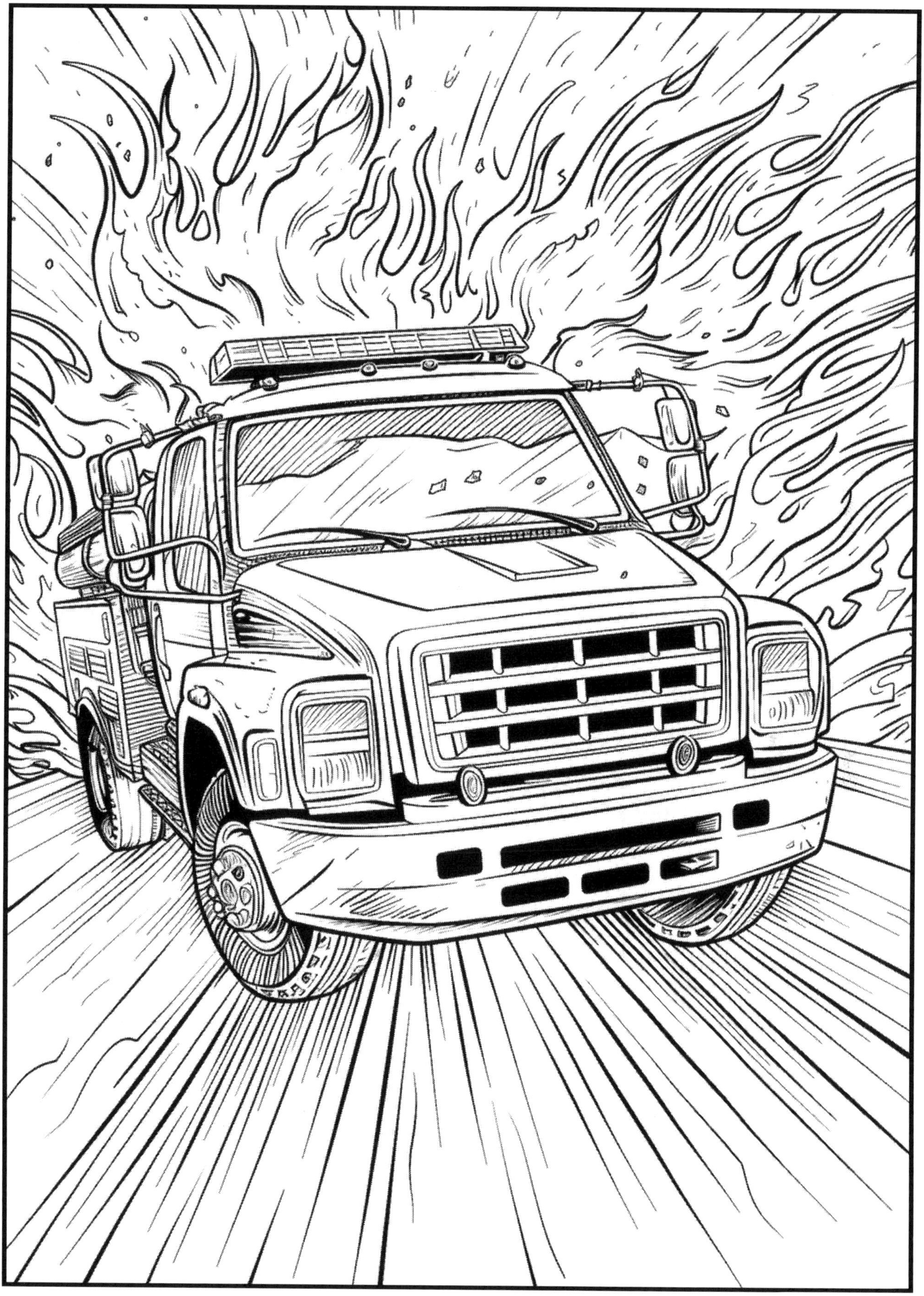

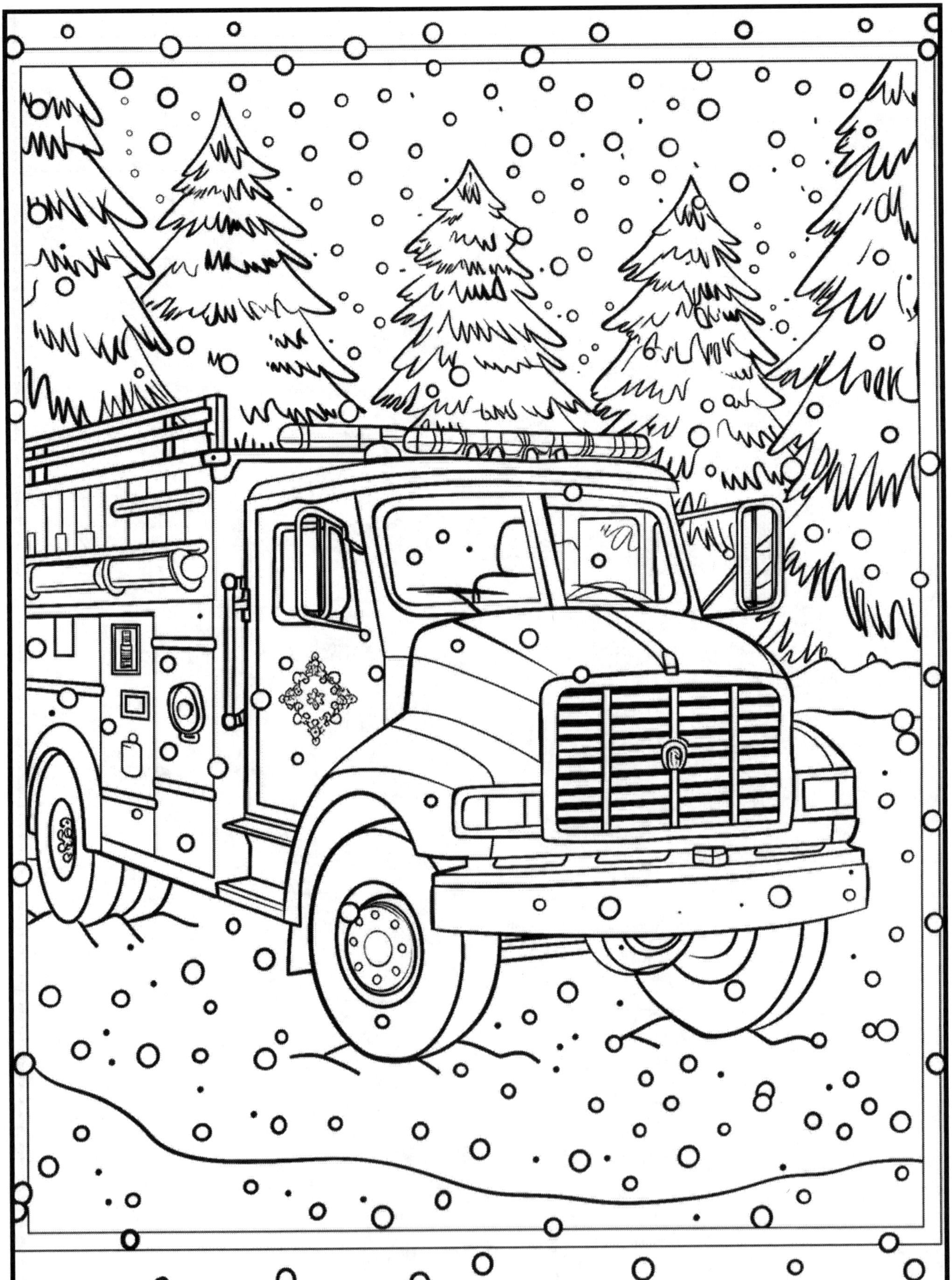

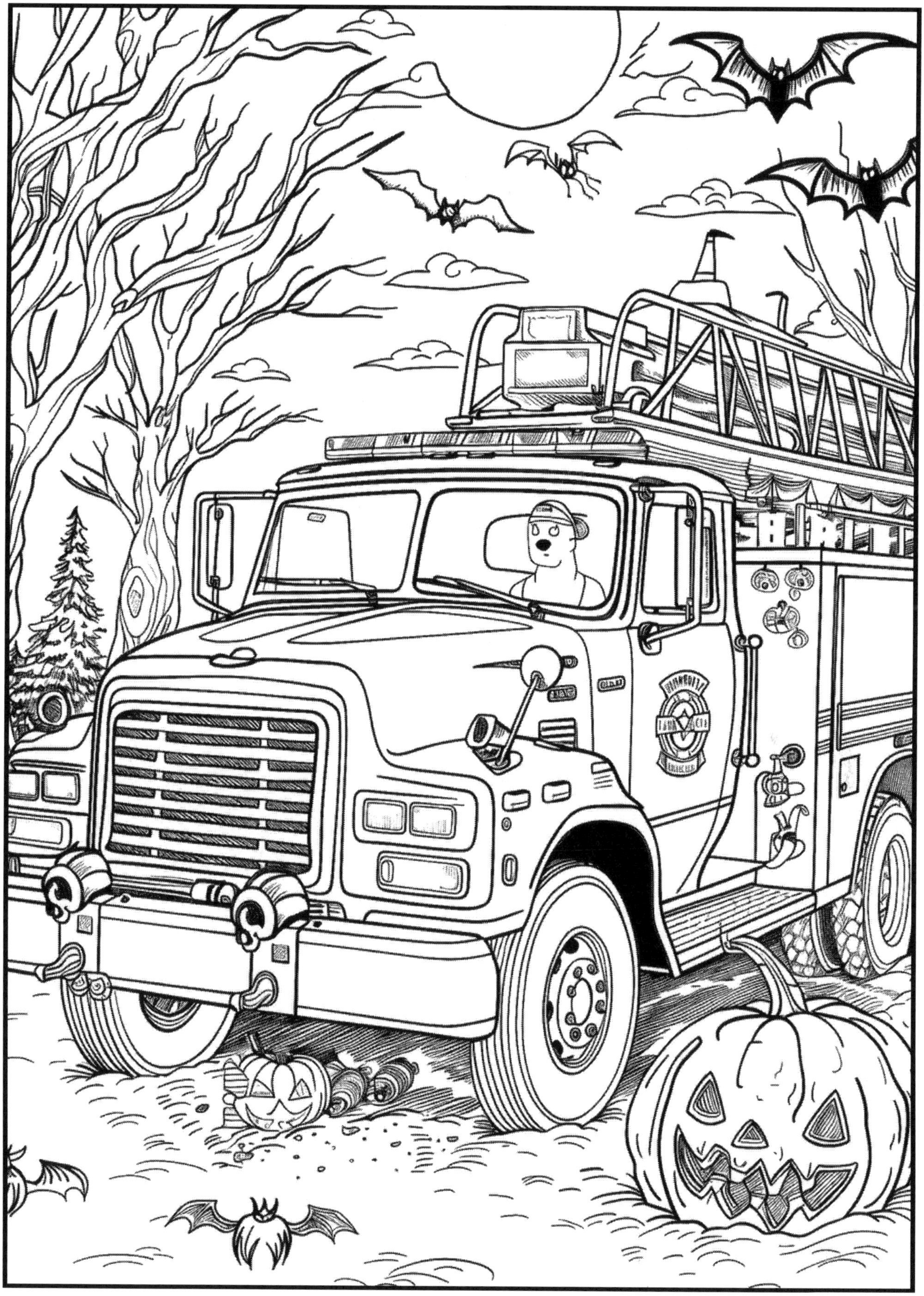

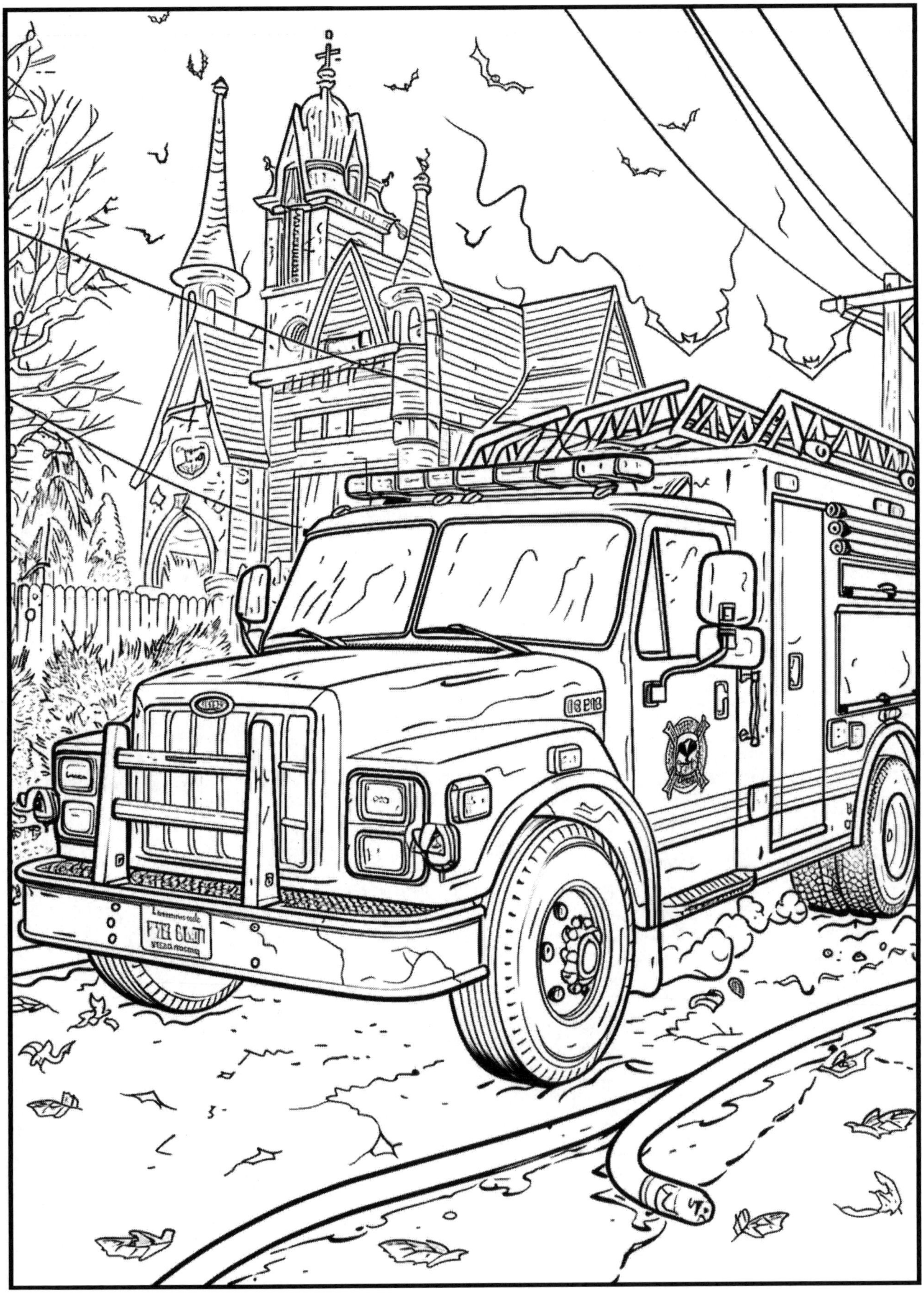

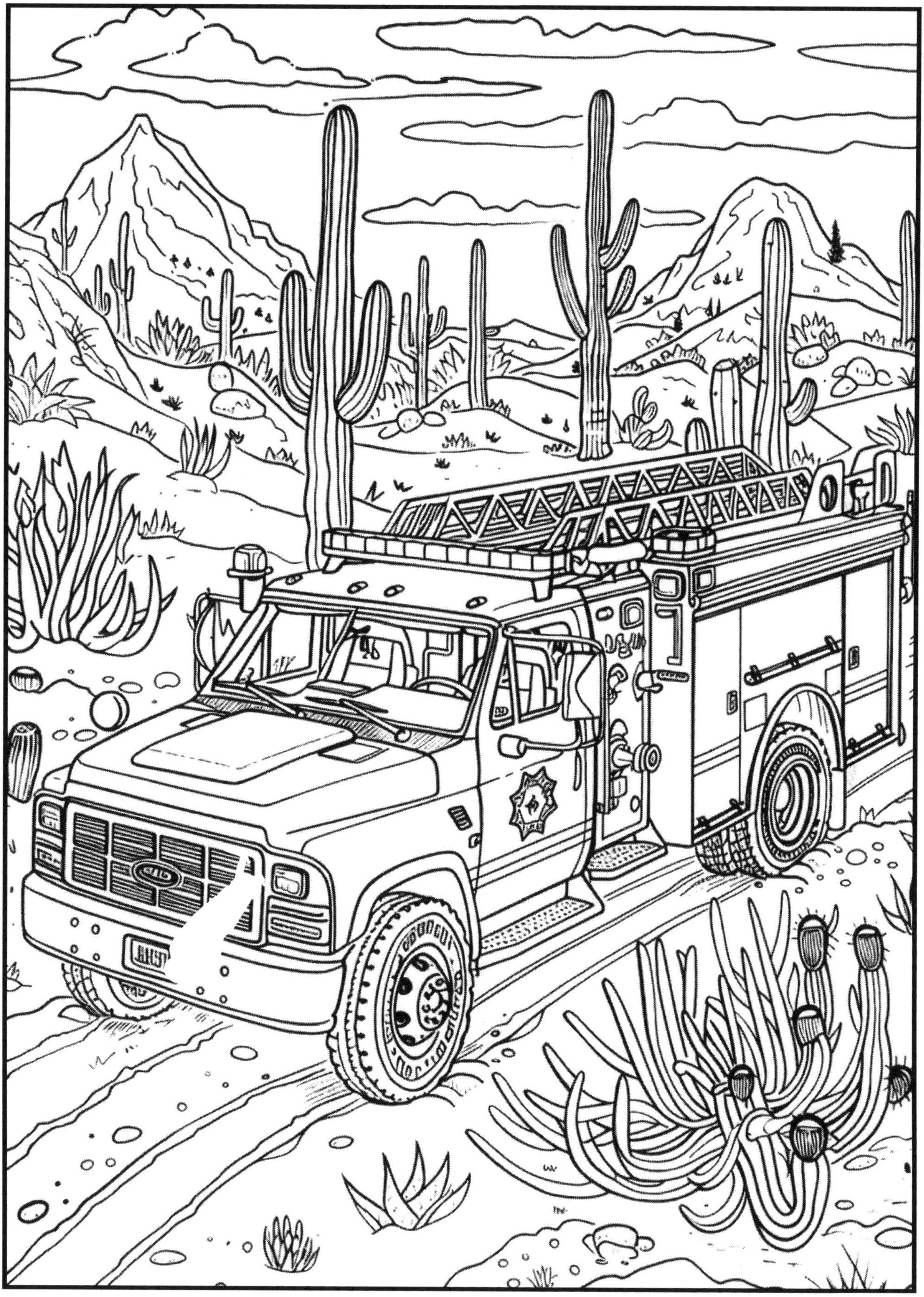

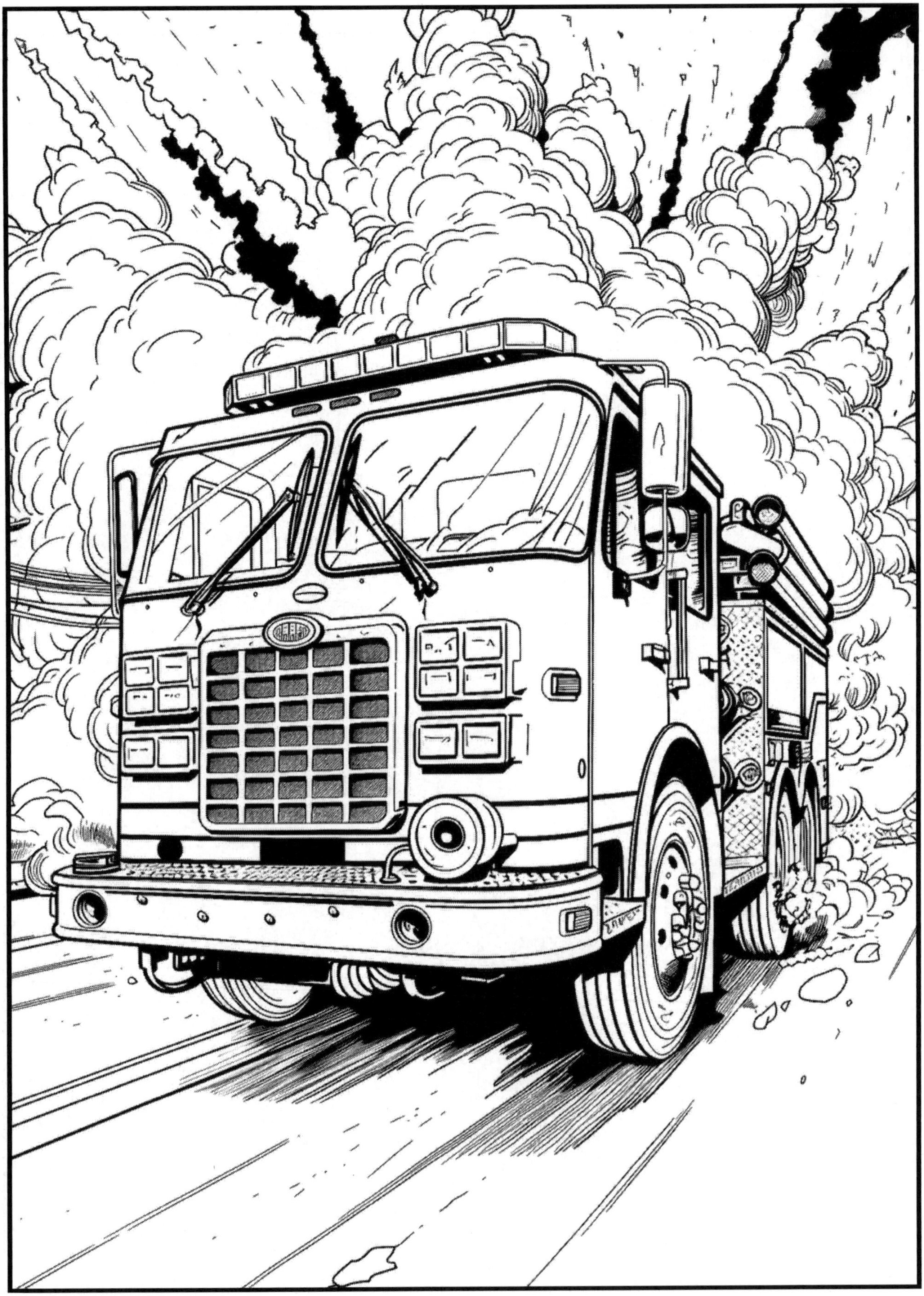

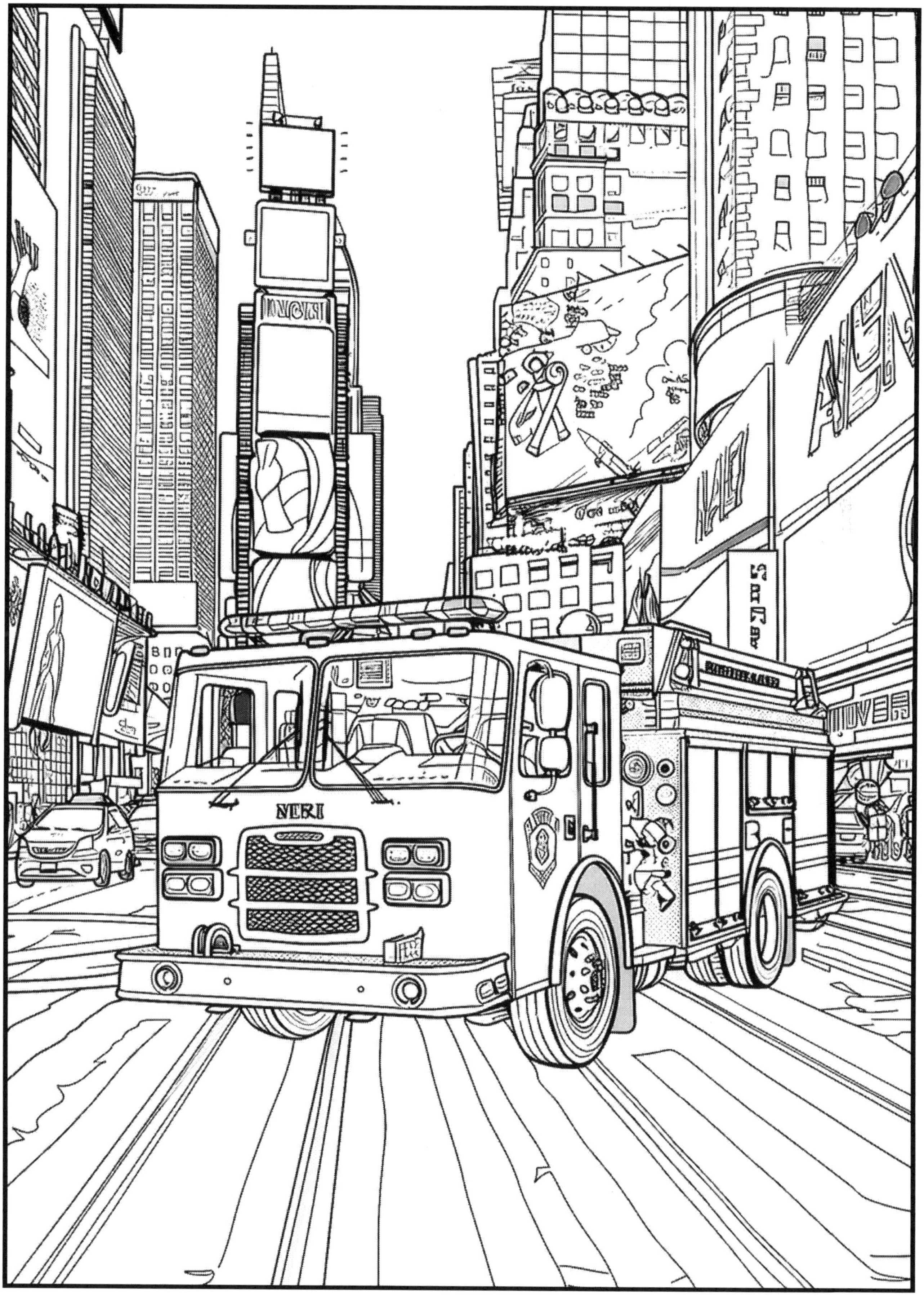

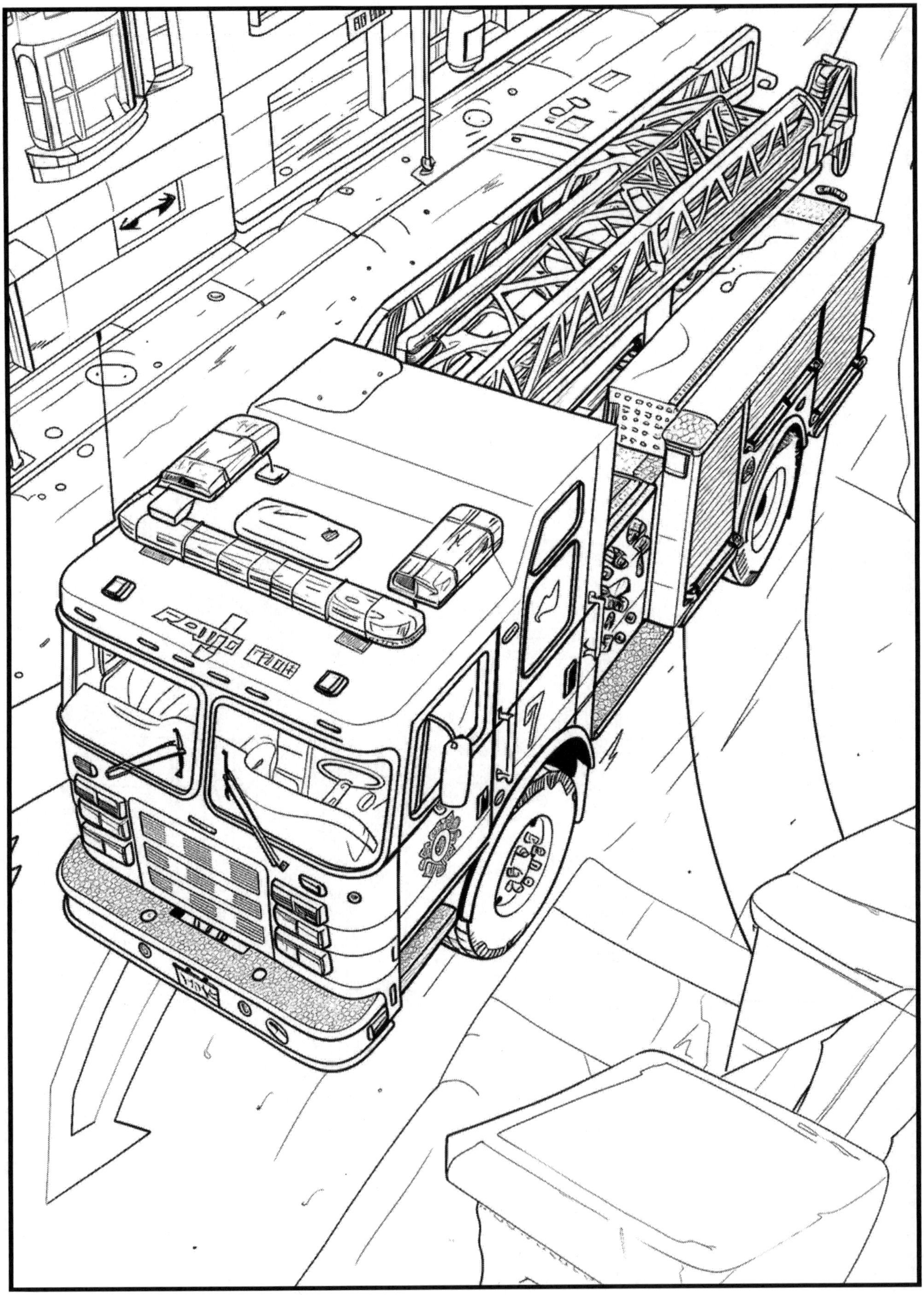

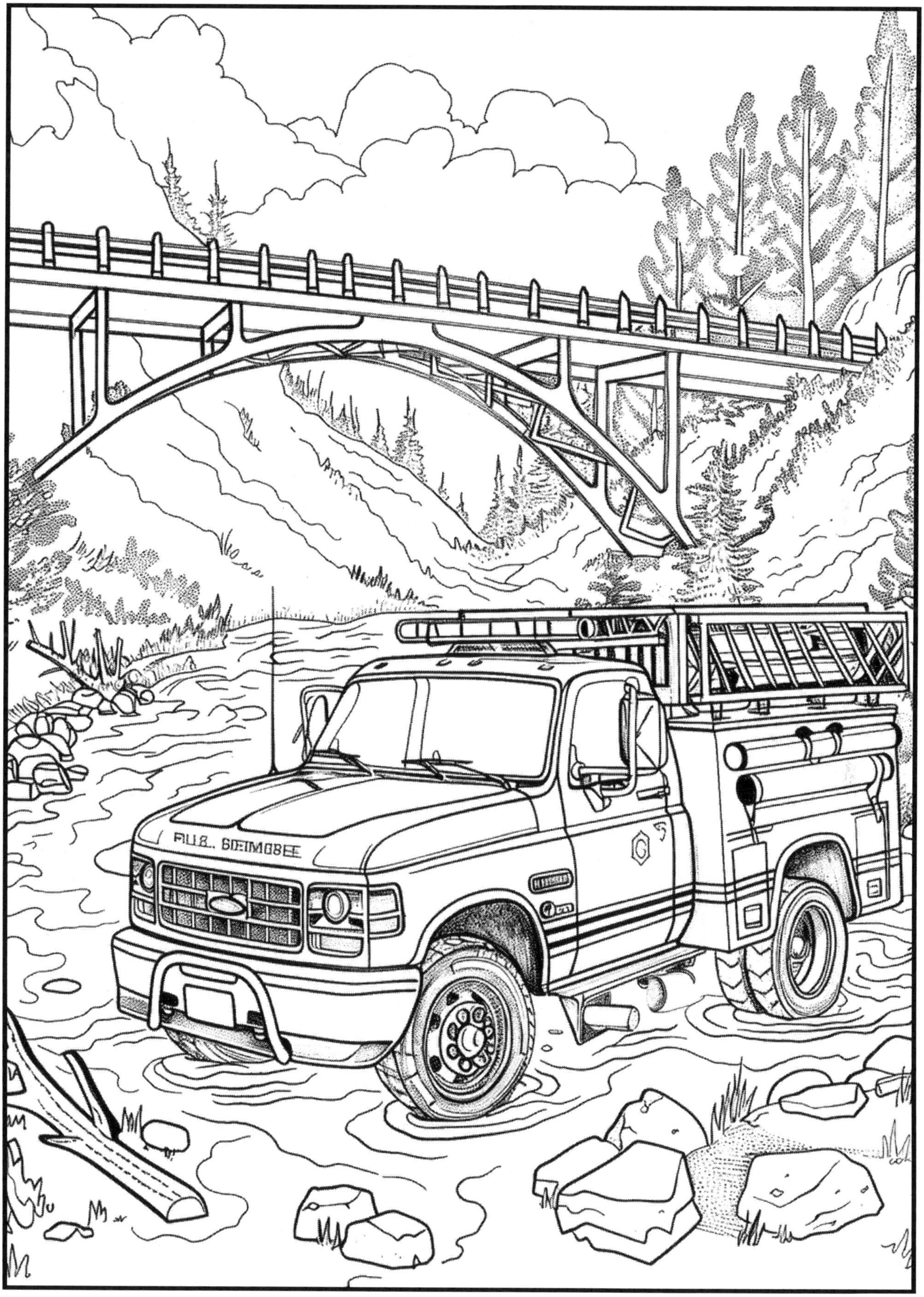

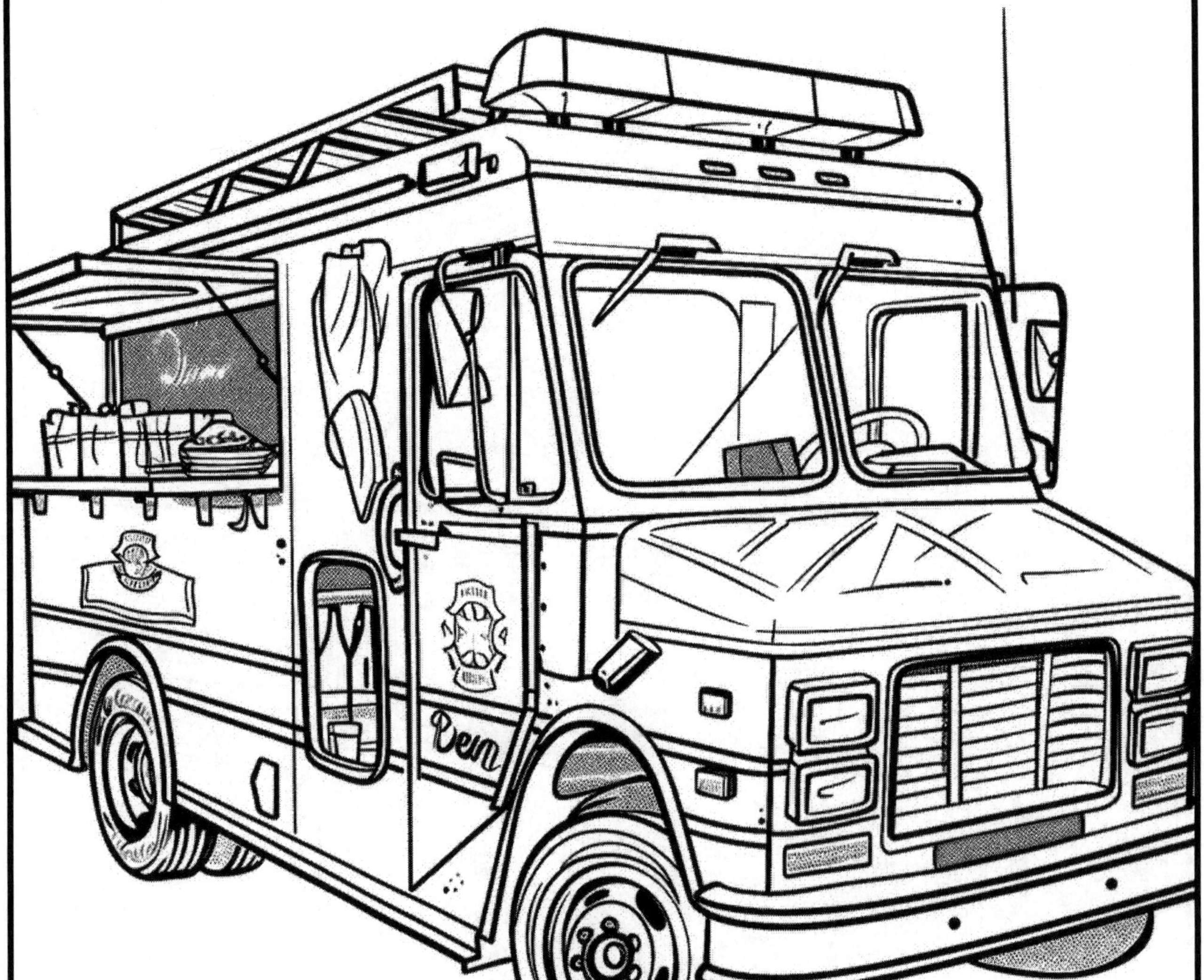

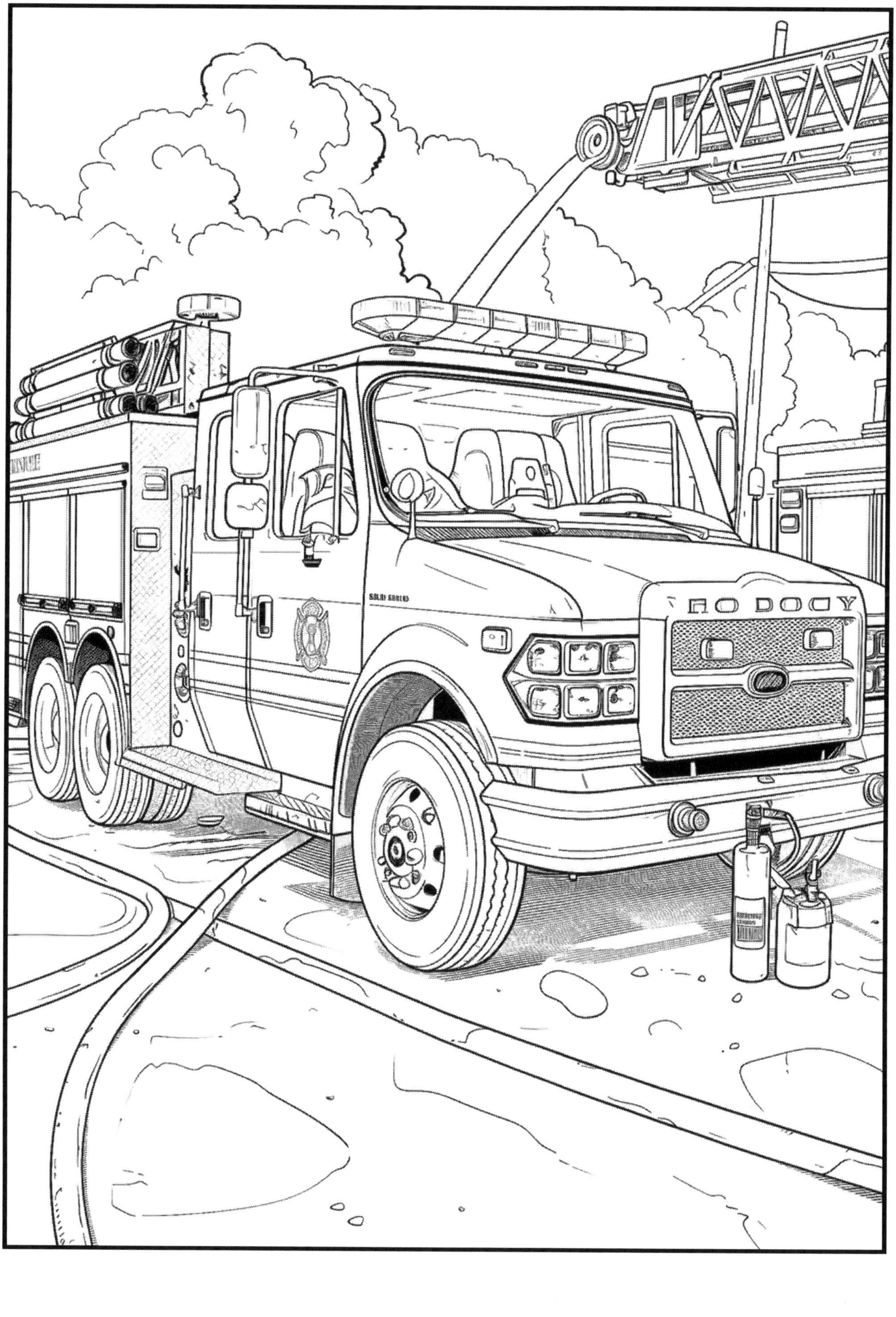

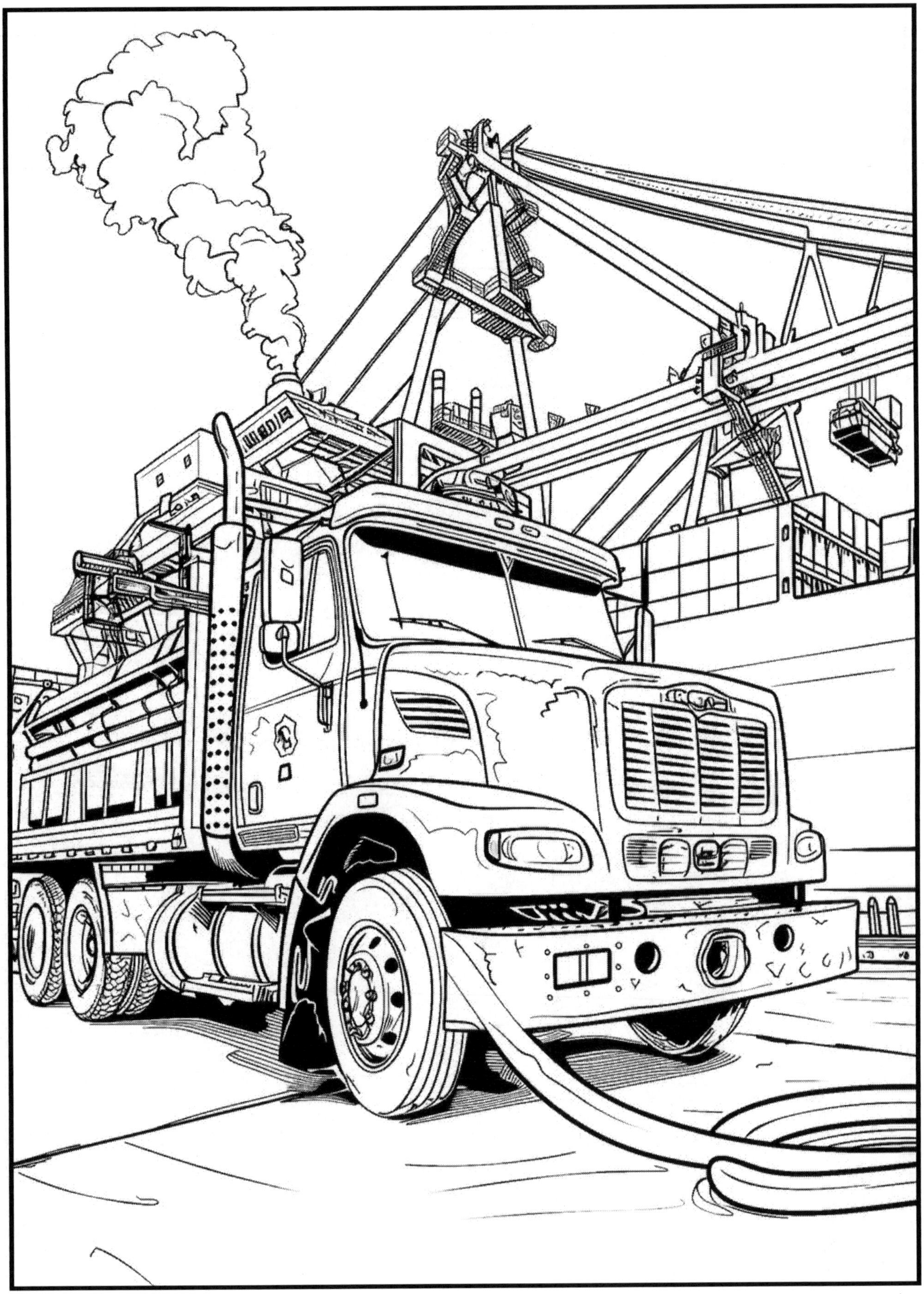

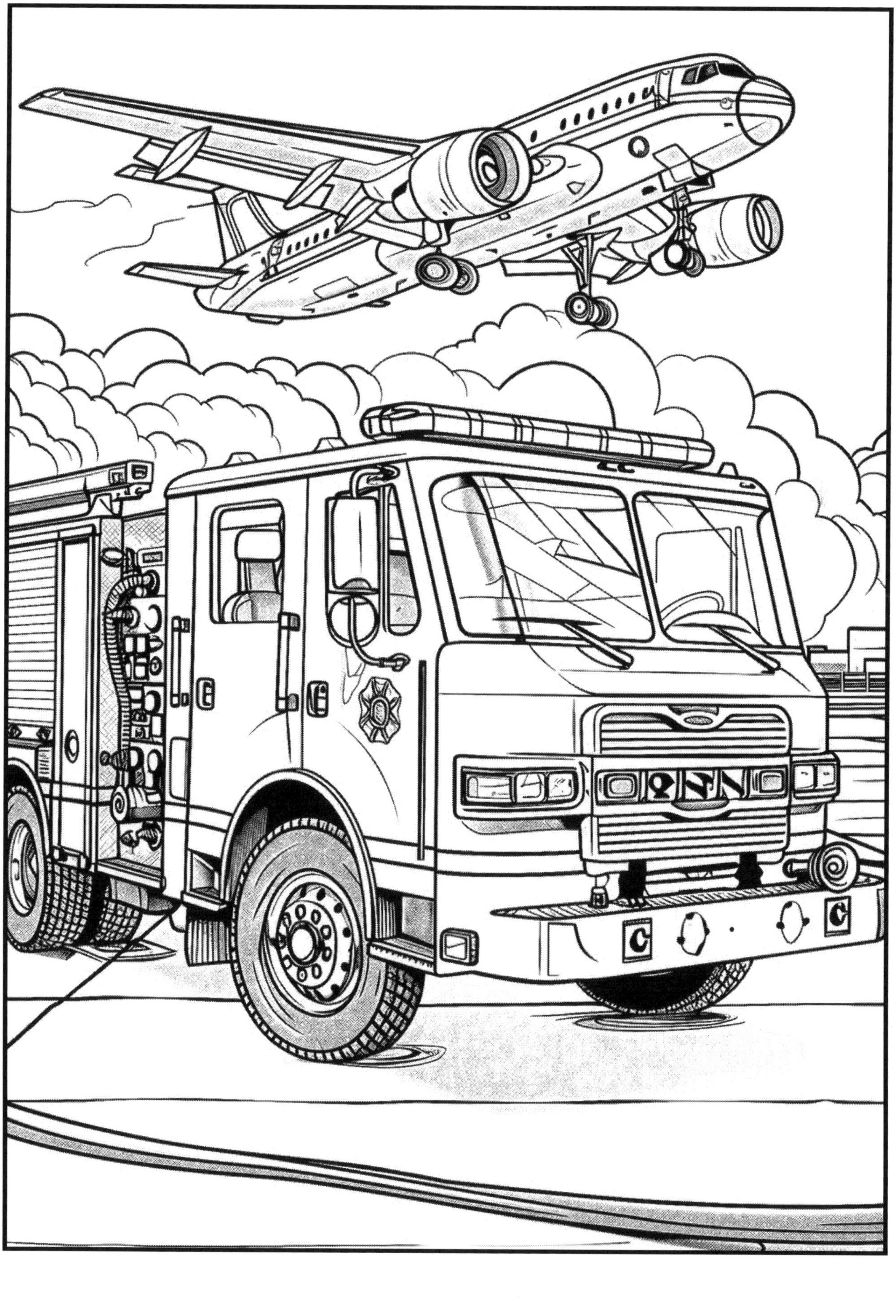

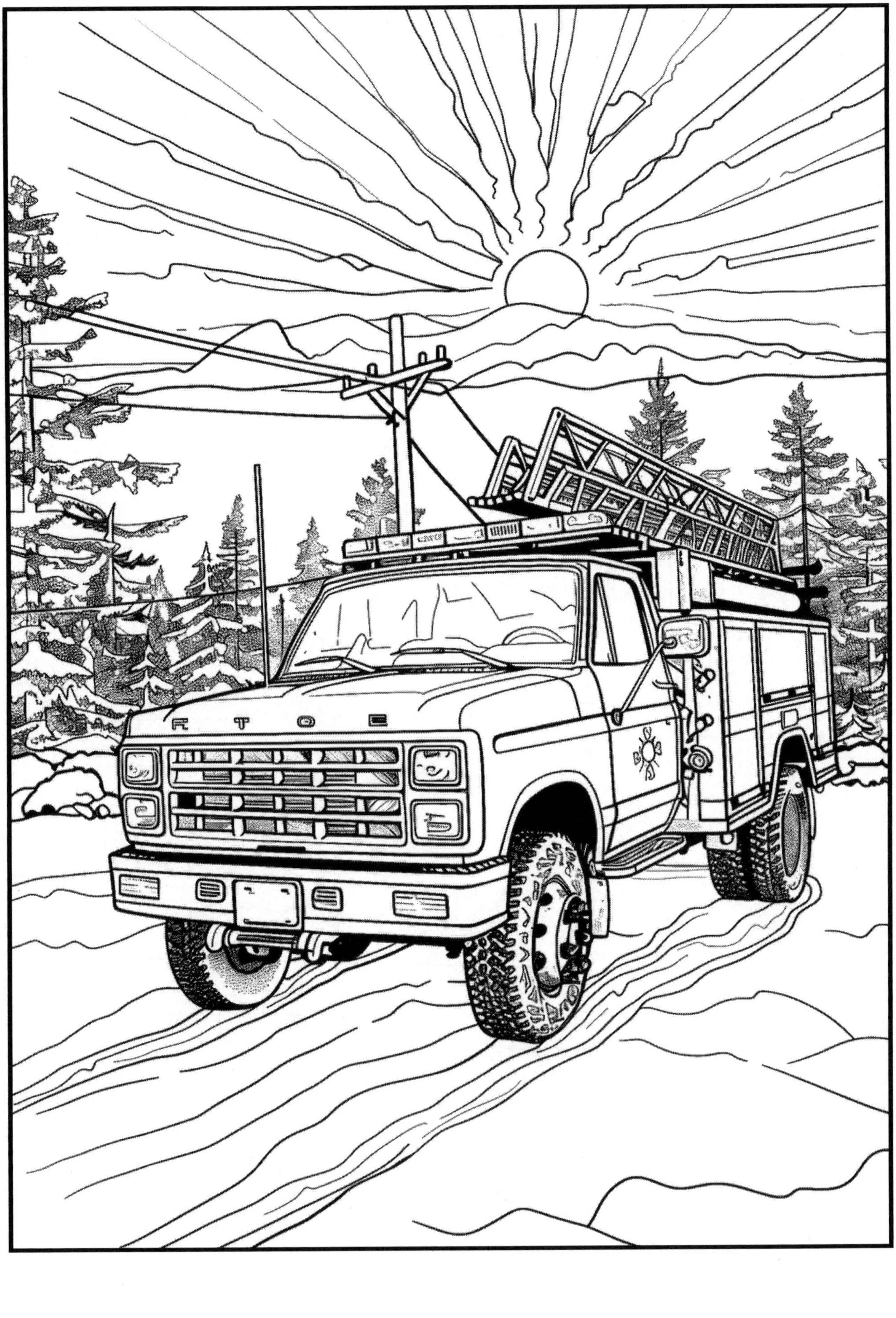

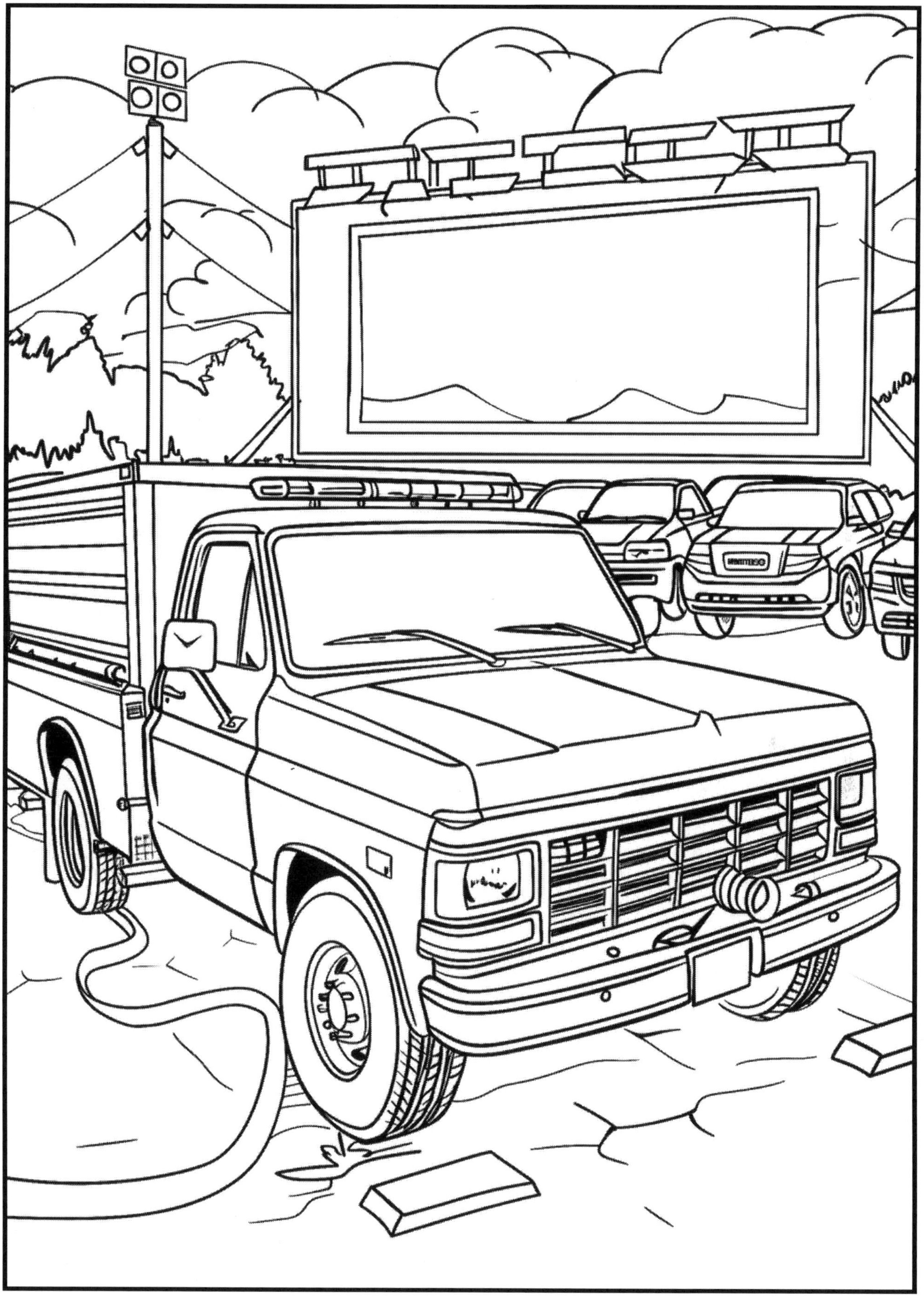

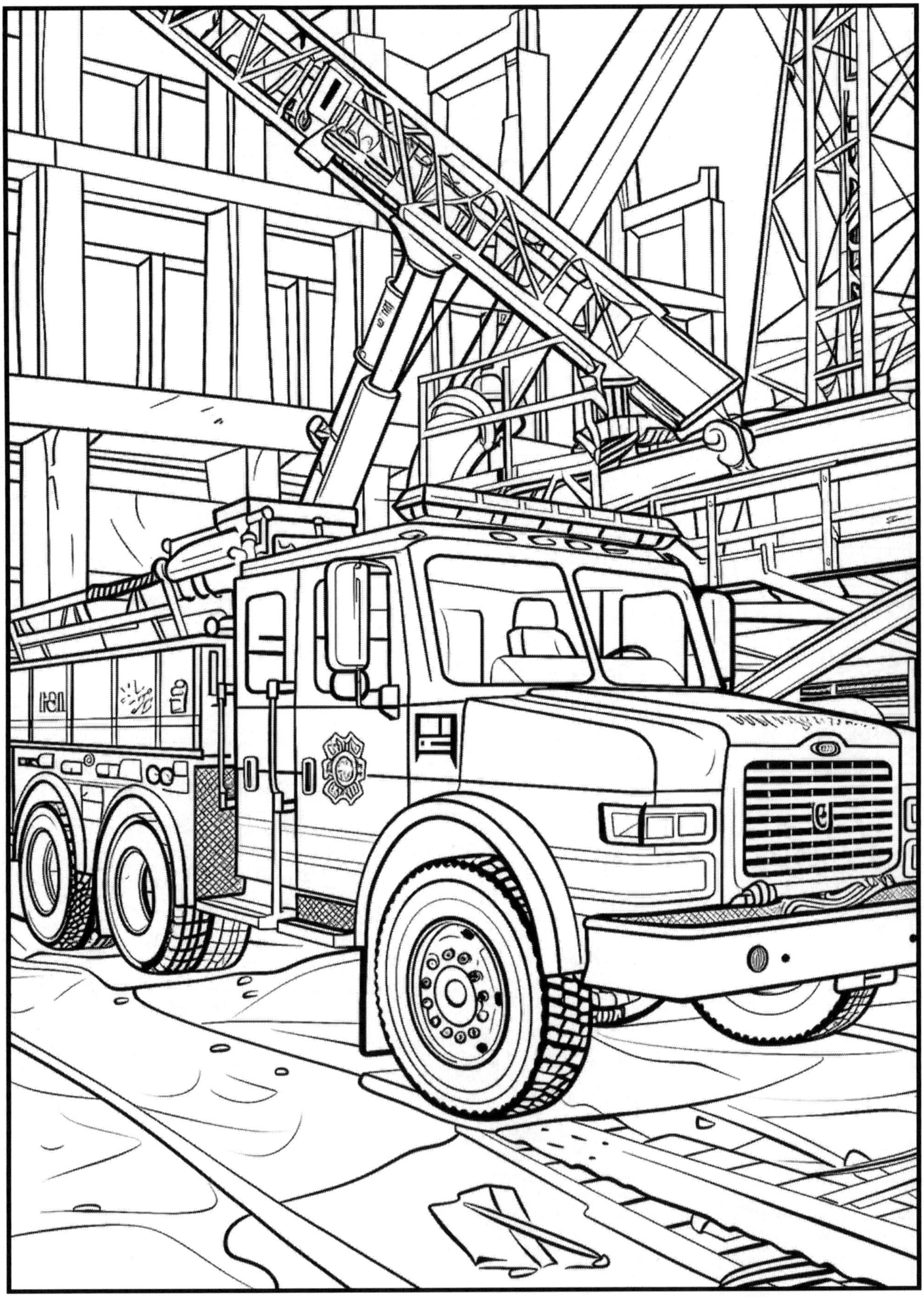

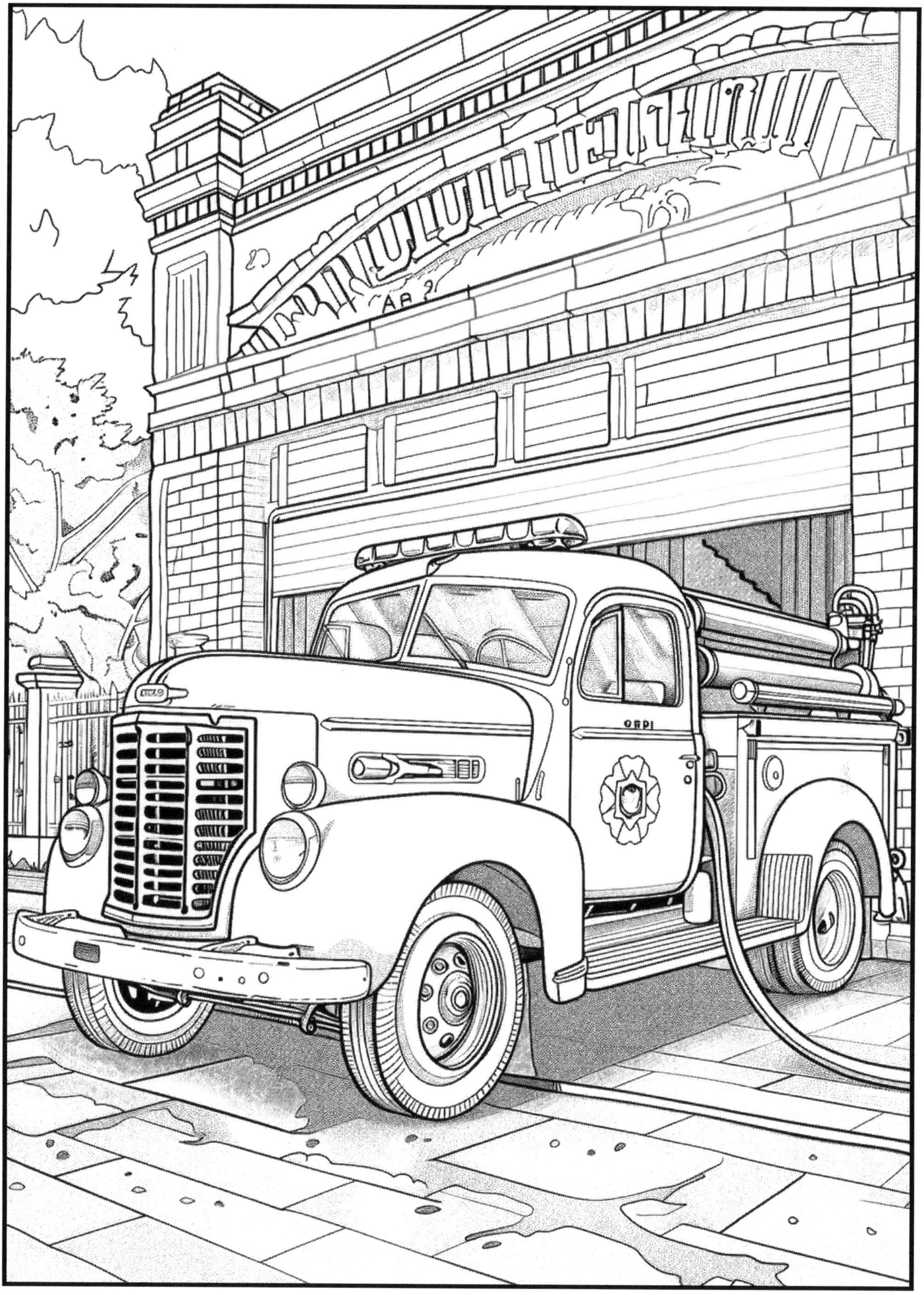

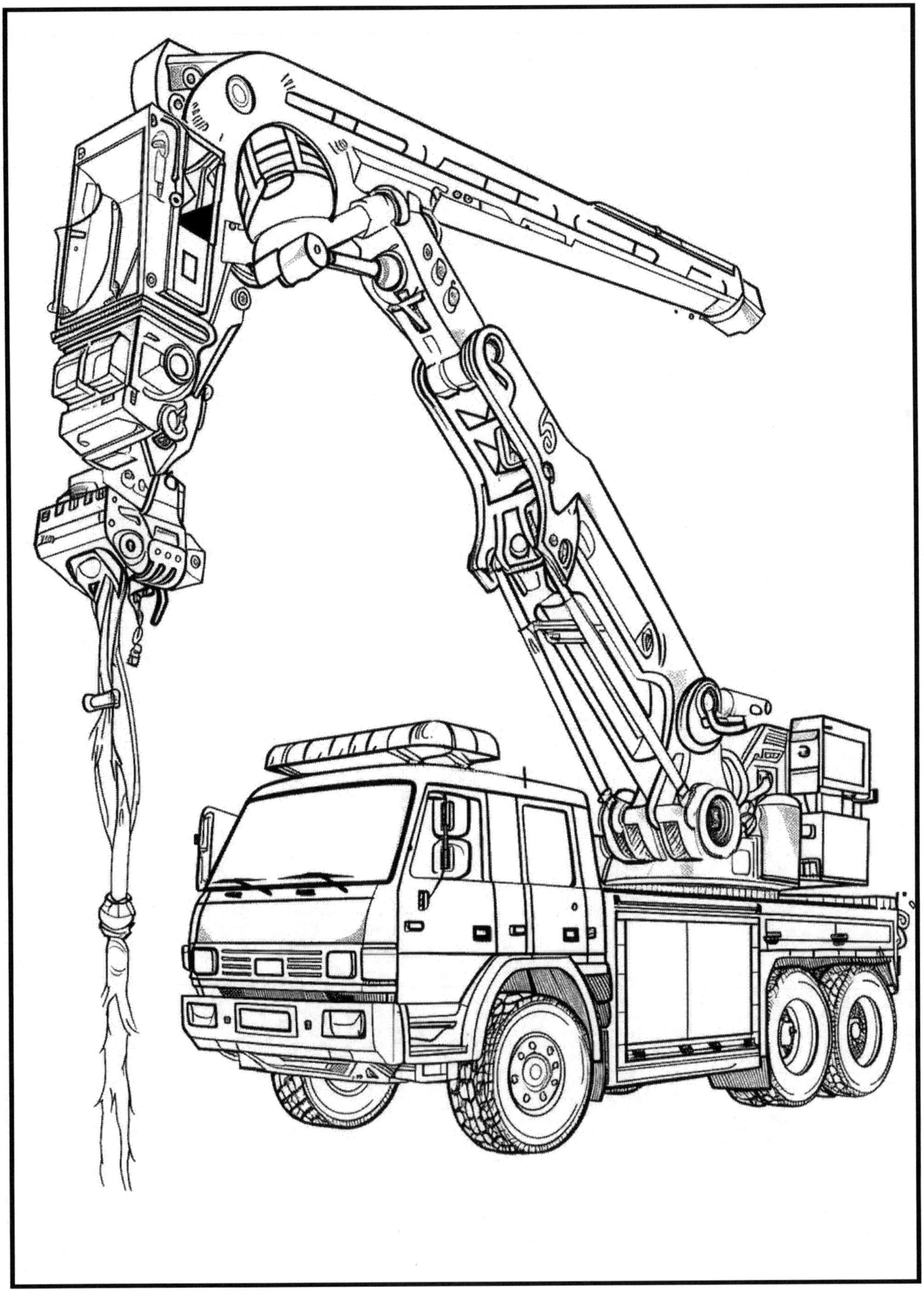

Made in the USA
Middletown, DE
17 December 2024

67553911R00029